아마존, MS, BMW 세계 리더들의 지도자 킴벌리의 멘탈 코칭

최강의 멘탈 관리

아마존, MS, BMW 세계 리더들의 지도자 킴벌리의 멘탈 코칭

최강의 멘탈 관리

YOUR LION INSIDE

킴벌리 페이스 지음

정태희 옮김

포르체

사랑하는 피터에게

사랑하는 당신,

당신은 제가 꽃을 피울 수 있는 안전한 장소로 데려가 줬죠.

영원히 잊지 않을 거예요.

당신이 남긴 모든 것은 계속 살아 있을 거라고 믿어요.

헤더

너는 내 삶의 빛이야. 엄마에게 많은 영감을 주었단다.

내가 최고가 될 수 있게 곁에 있어 줘서 정말 고마워.

이 책은 아주 훌륭한 역작이다. 저자는 자신의 전문성과 개인적인 경험을 바탕으로, 독자들이 가장 큰 잠재력을 발휘할 수 있도록 친절하게 서술했다. 각 인물과의 대화와 스토리는 실용적인 설명과 실질적인 질문으로 구성되어 있다. 저자는 일상을 살아가는 데 있어 우리를 괴롭힐 수 있는 장애물들을 파악하고 이를 극복하기 위한 단계별 솔루션을 제공하고 있다. 이 책은 깊이가 있으면서도 핵심 내용을 알기 쉽게 설명하여 깊이와 이해의 균형을 맞추고 있는 훌륭한 연구 자료다. 저자가 독자들이 진정으로 공감할 수 있도록 친밀감 있는 사례를 적용한 것은 매우 탁월한 선택이었다. 나는 여러분에게 이 책을 강력하게 추천한다. 이 책은 서재에서 내가 가장 많이 찾는 책이 되었다.

– 타라 로빈슨Tara L. Robinson
《궁극적인 위험The Ultimate Risk》저자, 라디오쇼 진행자

친애하는 킴벌리, 당신의 훌륭한 저서들은 매번 저를 놀라게 하네요. 덕분에 위로받고 있습니다. 제가 놀라는 이유는 당신이 이 책을 통해 보여 주고 있는 지혜로 가득 찬 통찰력 때문이며, 위로를 받는 이유는 전 세계 사람들이 당신의 저서를 읽고 인류의 미래에 희망을 줄 수 있다고 생각하기 때문입니다. 제가 최고의 삶을 살 수 있도록 영감을 주신 것과 다른 많은 이에게 자신의 삶을 되돌아봄으로써 더 나은 세상을 만들 수 있는 길을 제시해 주신 것에 대해 진심으로 감사드립니다.

– 빌 티모니Bill Timoney

영화감독 겸 AMC 시리즈 배우

이 책에 나오는 내용은 우리가 매일 마주하는 실화이며 매우 현실적이다. 지금까지 우리는 타인에게 의지하게끔 교육받아 왔다. 이 책은 나의 존재감을 새롭게 인식하고, 내면에 있는 사자와 같은 강한 힘을 느낄 수 있도록 해 주었다. 다른 이들도 이처럼 내면의 힘을 경험하길 바란다.

– 정태희Taihee Jade Chung

박사, re:BOX 컨설팅 한국/아시아 최고 경영자

나는 여성들뿐만 아니라 모든 사람이 이 훌륭한 책을 읽기를 권한다. 여성들은 일곱 가지 이야기 속에서 내면의 진정성을 발견하고, 숨어 있는 사자를 찾기 위해 이 책을 읽어야 한다. 남성들은 자신의 가족,

아내, 딸들에게 더 좋은 세상을 만들어 주려면 어떻게 협력해야 하는지 이해하기 위해서 이 책을 읽어야 한다. 어떤 대상의 중요성을 인식하는 것은 세상을 다르게 보는 첫걸음이다. 킴벌리의 책은 독자들을 새롭게 깨울 것이다.

– 시벨 보스탄치Sibel Bostanci

임원, 지역 학습 및 개발(중동·아프리카러키·남아시아), GE, 터키

마치 거울을 보는 것 같았다. 이 책에서 들려주는 이야기는 나와 무관하지 않았다. 나는 운이 좋게도 내 경력을 쌓는 과정에서 롤모델과 멘토가 있었다. 이제는 나보다 뒤처지고 있는 여성들을 위해 더 많은 일을 해야 한다는 것을 깨달았다. 이 책은 충고와 제안을 하면서 동시에 충분한 노력이 필요하다고 역설하고 있다. 또한 우리 모두가 꿈을 실현할 수 있는 잠재력을 가지고 있지만 잠재력을 실현하는 과정에서 여러 가지 도움이 필요하다는 것을 상기시켜 주고 있다. 나는 이 책을 자신의 경력을 쌓아 가고 있는 여성들에게 추천하고 싶다.

– S.D. 사모펀드/금융, 뉴욕 시

저자의 책은 한동안 나의 자기계발서 더미 속에 깔려 있었다. 어느 날 아이들과 함께 주말에 캠핑을 갈 때, 이 책을 다른 물건들과 함께 가방에 챙겨 갔다. 그리고 책을 펼치자, 나는 이 책을 단숨에 읽어 버렸다.

이 책은 나 자신과 생각을 변화시켰다. 나의 내면을 들여다보고, 내 안에 생각과 행동을 반성할 수 있는 힘이 있으며, 내 삶을 변화시키기 위해 그 힘을 사용할 수 있다는 것을 깨달았다. 지금까지는 나의 길을 가는 하나의 과정이었고 나는 지금도 앞으로 나아가고 있다.

저자의 이야기와 여정을 공유하게 된 것은 내가 이혼을 결정하고, 나와 세 아이들을 위해 집을 구하고, 계속 경제 활동을 하는 데 있어 매우 중요한 역할을 해 주었다. 나는 이제 불가능할 것이라고 생각했던 일을 실행에 옮길 만큼 용감해졌다.

킴벌리, 나는 당신이 계속 앞으로 나아가길 바라요. 나의 인생을 바꿔 준 당신에게 진심으로 감사하고 있어요.

고마워요!

- J. C. 테크 인더스트리 Tech Industry

우리는 나에게 관대해질 필요가 있다

자신의 일을 묵묵히, 그리고 열심히 하는 사람들의 이야기를 담은 책이 필요하다는 생각을 자주 했다. 나의 경우에도 지난 25년 동안 부여된 소명과 사명을 다해 묵묵히 일했다고 자부하지만 수많은 부침과 억울함, 갈등과 고민에 사로잡히기도 했다. 그러나, 직장 생활을 하다가 더 이상 발전할 가능성을 느끼지 못하거나 한계점에 부딪혀도 그것을 깨뜨리고 나아가는 결정적인 계기가 있었다. 나 자신을 다시 한번 되돌아보는 잠깐의 명상과 자신감 회복의 찰나가 바로 그것이다. 그 시기에는 다양한 사람과 사례를 만나고, 여러 책을 통해서 나의 경험을 재정의하기도 했다. 이를 통해서 유독 약하고 고독하며 스스로 한계를 그었던 나의 모습을 직면하고, 나만의 특징을 어떻게 더 활용하고 발전시킬 수 있을지를 고민했다.

　내 인생의 중요한 계기는 내면에 머물러 있던 생각을 활용하고 확장하며 발전시켰다. 일반적으로 조직 내에서 혹은 관계 속에서 힘들어하는 사람들은 자신의 단점을 특정하며, 방어 기재를 만들어 성을 쌓는다. 때로는 거부하거나 위안을 받는 형태로 극복하는 경우도 많지만 나는 이러한 현상을 장애물로 받아들이지 않고 그 힘을 다른 방향으로 전환해서 성장의 원동력으로 활용했다. 나는 첫 번째 직장에서 전문적인 역할 없이 흔히 이야기하는 일반 행정 업무를 담당했던 시절이 있었다. 나에게 일이 주어졌다는 사실 그 자체만으로도 감사했고, 주로 시키는 일만을 해야 했기에 미래의 비전과는 거리가 멀었던 시기였다. 그러던 어느 날 밤, 늦게 혼자 야근하다가 지저분한 임원 회의실 서재가 눈에 띄었다. 새벽 2시까지 서재의 서류를 재분류하고 라벨링과 커버를 분류하며 말끔히 정리했다.

그때는 그 일이 나의 최선이라고 생각했다. 그런데 다음 날 갑자기 지사장님이 전 직원들 앞으로 나를 불렀다. 몇 년간 아무도 서재를 정리할 생각을 하지 않았는데, 누군가 이것을 전부 정리했더라 하시며 이런 직원이 되어야 한다고 일장 연설을 하시는 것이 아닌가. 감사의 박수와 환호 소리가 아직도 귀에 생생하다. 그때부터였다. 나에게 주어진 암울한 현실을 다른 방향으로 전환해서 스스로 의미를 만들고 해결해 나가는 원동력으로 삼았던 것이.

아마 한 번쯤 이런 고민을 해 보지 않았을까 싶다. '나의 인사를 받아 주었던 그 많던 선배, 후배 들은 지금 다 어디에 있을까?', '과연 나는 언제까지 이 일을 계속할 수 있을까?', '매일 죽도록 일하는데 왜 항상 허전하고, 인정받지 못한다고 느낄까?', '나는 왜 당당하게 나의 주장을 하지 못할까?', '성장을 위해 내게 필요한 것은 무엇일까?' 이제는 자기 자신을 너무 엄격하게 대하지 않았으면 좋겠다. 완벽하지 않아도 열정만 있다면, 내면의 소리를 들을 용기만 있다면 얼마든지 긍정적인 변화를 만들어 나갈 수 있다.

타인에게는 관대하면서 나에게는 한없이 엄격해지는 습관은 자신을 낮추고 자신감을 상실하는 첫 걸음이다. '내가 아니면 누가 하지?', '지금 아니면 언제 하지?'라는 생각으로 스스로를 믿고 의지하며 주어진 24시간을 농밀하게 살아내기로 결심하는 것이 중요하다.

이제, 나의 힘을 발산하는 호기로운 사자의 힘이 필요할 때다. 이런 일련의 생각들이 바쁜 시기에 나를 번역의 세계로 이끌었다. 또한 리박스컨설팅의 나눔, 연결, 성장의 철학으로 나와 같은 어린 시절을 겪고 있거나 겪었던 주변인에게 색다른 사고의 비법을 알려 주고 싶었다. 이 책을 흔쾌히 번역하게 해 준 나의 친구 킴벌리와 인생의 단짝 안상원 님, 그리고 포르체 대표님께 감사드린다.

성장과 발전, 승진과 존경을 받기 위해 어떠한 습관들을 버려야 하며 새롭게 인정하고 받아들여야 할 마인드는 무엇인가를 이 책을 통해서 찾아보기를 바란다. 그동안 스스로를 붙잡고 있었던 요인에서 벗어나 새로운 도약의 계기가 되는 여러분이 되었으면 한다.

2022년 6월,
리박스컨설팅 대표
정태희

차 례

우리 모두는, 이대로도 충분하다

권력, 조직의 집단 행동, 무의식적 편견. 우리 안에는 여타 어렵고 힘든 이슈들보다 더 큰 장애물이 숨어 있다. 이렇듯 자연스럽게 생활 속에 정착된 관념들이 강력하게 우리의 생각을 사로잡은 탓에, 일상은 물론 직장 생활 중에도 여러 어려움에 부딪히기도 한다.

세계 도처에서는 사회적 약자들에게 최소한의 권리를 보장해야 한다는 목소리가 나오고 있다. 과거부터 현재까지 끊임없이 회자되는 주제다. 하지만 사회에서 어려움에 처한 사람들이 자신을 옭아매고 있는 정체 모를 그 대상과 대치하고 있는 동안, 또 다른 적이 우리 안에서 움트고 있다. 다름 아닌 나를 병 속의 벼룩처럼 만드는 깊은 늪지대이자 스스로를 향한 고정 관념, 고정 마인드셋이다.

내면에 생겨나는 적은 천천히, 아무도 모르게, 그리고 조용히 고개를 들기에 대부분의 사람들은 그 존재를 눈치채지 못하고 있다. 물고기가 물속에서는 물을 당연하게 느끼는 것처럼, 인간 역시 내면에 존재하는 장애물의 존재를 당연하게 여겨버린다.

하지만 나는 내면에 있는 나의 적을 인지하고 있다. 여러분 역시 깨달을 수 있길 바란다.

문제의 해답이 아득히 먼 곳에 있다고 생각한다면 우리는 진정한 힘의 원천을 받아들이지 못할 것이다. 어렵지 않다. 매일 아침 거울을 볼 때 거울 속에 비치는 모습이 바로 여러분이 찾고자 하는 해답이다.

작은 희망은 어둠 속에서도 한 줄기 빛을 선사한다. 내 안에 있는 진실에 가닿기 위한 설명서. 이 설명서의 목적은 깊이 상처받은 영혼을 위한 치료제, 그 이상이다. 상처받은 영혼을 치료한 후에는 무언가가 되고 싶고, 무언가를 더 하고 싶고, 무엇이든지 더 주고 싶은 마음이 생기기 시작할 것이다.

이것이 바로 삶이다.

우리에게는 삶을 헤쳐 나갈 충분한 용기가 있다. 충분하고도 남는다.

내면에 있는 보물을 보지 못하도록 우리의 눈을 가리고 있는 장애물을 제거하자. 우리뿐만이 아니라 이 세상 사람들이 훤히 볼 수 있도록, 마음을 가리고 있는 얼룩을 부드럽게 닦아내야 한다.

나는, 우리 모두는, 이대로도 충분하다.

킴벌리 페이스 Kimberly Faith

스스로를 새로운 시각으로 바라보는 것부터 시작하자.
세상을 다르게 보는 첫 번째 단계는 깨달음이다.

내가 만든 '나의 틀' 안에 있을 때, 당신은 어항 안에
갇혀 있는 것과 같다. 새로운 인식은 여러분을 어항 밖으로
끌어내어 성장시킨다. 넓은 물 밖으로 꺼내어 처음으로
세상을 분명하게 볼 수 있도록 도와준다.

관점이 바뀌면, 모든 것이 바뀌기 시작한다.

그러나 새로운 관점을 익히는 것이 전부가 아니다.
내면의 무의식이 아직도 예전 관점에 사로잡혀 있다면,
주변으로부터 당황스러운 시선을 받을지도 모른다.
새로운 인식을 통해서 의식과 무의식을 일치시켜
생각의 괴리감을 없애는 훈련이 필요하다.

1장

지금 당신의 멘탈은
과거의 산물이다

엉망진창이 되어 버린 나

"우리는 잔돈 뭉팅이로는 안 받아요, 아줌마!" 점원이 불친절하게 큰소리로 말했다. 내 뒤로 기다리고 있던 손님 일곱 명이 나를 쳐다보고 있었다. 마음 같아서는 "딸에게 가야 해요, 휘발유 10리터만 넣을게요!"라고 소리치고 싶었다. 그러나 그 대신 눈물을 흘리며 동전 주머니를 움켜쥔 채로 주유소를 빠져나왔다. 2008년 6월, 기름값은 리터당 2달러 이상으로 치솟았다. 나는 차로 돌아가서 동전 주머니를 내던지고 25센트 동전들만 다시 챙긴 뒤 휘발유 10리터를 채웠다. 내 딸이 학교에 가기 전에 꼭 보고 싶었다. 사랑하는 딸 헤더의 미소는 나에게 며칠을 버틸 수 있는 힘이 되었다.

우여곡절 끝에 딸과 작별 인사를 한 후에, 나는 짐으로 가득찬 작은 창고로 차를 몰았다. 창고에 도착해 갈아입을 옷을 찾다가 내 발에 걸려 넘어졌다. 마음속에서 끓어오르는 분노와 두려움은 그나마 나에게 남아 있던 의지를 빼앗아 갔다. 나는 등을 벽에 기대고 주저앉았다. 눈부시게 푸른 하늘이 보였다. '내가 어쩌다 이렇게 됐지?'

그날은 최악의 날이었다. 사채업자의 독촉 전화에 이어 투자 관계자가 남긴 협박 음성 메시지까지 정말 끔찍했다. 나는 남편과 별거 중이었고, 그와 번갈아 가며 딸 헤더와 지내는 중에 집을 내줘야 하는 상황에 처했다. 갈 곳도 없었다. 은행 잔고는 바닥이 나고 신용카드는 정지되었으며, 열정을 다해 시작한 창업은 망해 버렸다. 내가 가진 거라곤 빌어먹을 잔돈 한 뭉치뿐이었다.

엉망진창이 되어 버린 나만 없으면 이 세상이 훨씬 좋아질 것만 같았다. 아직도 그 순간이 생생히 기억난다. 85번 고속도로를 따라 시내 중심부를 달리다가 느닷없이 이런 생각이 들었다. '손목을 한 번만 틀면 모든 것을 끝낼 수 있지 않을까?' 고통을 끝낼 수 있다. 아주 강한 충동이었다. 모든 문제가 한 번에 해결되지 않을까? 나의 사망보험료 백만 달러면 모두를 살릴 수 있다. 그러나 더 이상 잘못된 판단이 반복되어서는 안 되었다. 내가 죽으면 남은 사람은 아무 일 없는 듯 살아갈 것이고 나만이 실패자로 기억될 것이다. 그게 무슨 의미가 있을까?

그날 밤 나는 위험한 유혹을 이겨냈다. 어둠과 눈물 속에서, 냉철한 생각이 올바른 행동을 이끌어 줄 거라고 스스로에게 간절하게 외쳤다. 그 후, 다시는 어두운 밤에 고속도로를 혼자 운전하지 않겠다고 다짐했다. 그리고 내 딸과 시작한 회사 '섀시테일즈

Sassytails'를 다시 살리기 위해 고군분투했던 시간 내내 그 다짐을 지켰다.

언제부터, 어떻게 그런 변화가 일어났는지 모르겠다. 그저 어느 순간, 내 인생이 그런 식으로 끝나는 것을 가만히 지켜보고 있을 수만은 없다고 생각했다. 나는 딸에게 우아하게 실패하는 법을 가르치려고 의식적으로 노력했다.

그 암울한 시절의 기억은 내가 한때 최선이라고 믿었던 신념들을 새록새록 떠올렸다.

고양이처럼 우는 사자

2017년 3월 7일 수요일 오후, 그날은 놀라울 만큼 평범하게 시작되었다. 집에 가는 길에 코인 진공청소기로 차의 내부를 청소하기로 했다. 그런데 25센트를 투입구에 넣으려고 하니 제대로 들어가지 않았다. 또 고장인가 싶었는데 그게 아니었다. 동전이 투입구에 비해 너무 컸던 것이다. 어떻게 이럴 수가 있지? 가까이서 보니 25센트 동전이 아니라 수잔 앤서니 Susan B. Anthony* 기념 동전이었다. 오랜만에 보는구나! 나는 그 동전을 더 찾아본다고 동전 주머니를 뒤지느라 하루를 다 보내 버렸다.

다음 날 아침, 신문을 읽다가 전날이 바로 세계 여성의 날이었다는 것을 깨달았다. 재혼한 남편 피터와 그의 딸 앨리샤, 애비의

---

* 근대 미국의 인권 운동가. 여성의 권리 향상과 노예제도 폐지 등 사회적 약자를 위해 헌신했다.

가족과 함께 아침 식사를 하러 나갈 때 문득 이런 생각이 들었다. '세계 여성의 날을 기념해서 우리 손녀들에게 앤서니 동전을 줘야겠어'.

어린 아이들에게 역사적 배경을 설명해 주기 위해서는 먼저 '수잔 앤서니'에 대한 정보가 필요했다. 나는 수잔 앤서니의 업적에 대해 최대한 많이 찾아본 뒤 어린 손녀들이 이해할 수 있도록 정리했다.

아침 식사를 하며, 예상대로 7살짜리 손녀 아바는 여러 질문을 쏟아냈다. "왜 수잔은 투표하기 위해 싸워야 했어요? 여성들은 항상 투표할 권리가 있지 않았어요?" 나는 아바에게 증조할머니 로즈는 여성이 투표권을 갖기 전에 태어났다고 설명해 줬다. 손녀는 깜짝 놀랐다. 어린 아이는 여성이 투표할 수 없었던 때가 있었다는 것을 이해하지 못했다. 내가 그 시절을 자세히 설명하자, 아바는 "수잔 앤서니와 그 친구들이 있어서 정말 다행이에요!"라고 말했다.

집으로 돌아오는 길에 나는 103세가 된 이탈리아인 시어머니 로즈의 지난 삶을 생각했다. 수잔 앤서니가 세상을 떠나고 10년 후인 1916년 2월 22일에 시어머니가 태어나셨고, 1920년 8월 18일 수정헌법 19조가 비준됐을 당시 그는 네 살이었다.

돌이켜보니 나는 여성 평등 역사의 중요한 사건을 경험한 사람들과 함께하고 있었다. 수잔 앤서니는 내 정신 속에서, 시어머니 로즈는 집 거실에서 함께하고 있다.

그들에게 둘러싸여 문득 생각했다. 우리의, 인간의 편견과 일상에 대해서. 생활 속에서 우연히 마주치게 되는 성별, 출신 지역, 학력, 특정 종교 그리고 경력에 기인한 무의식적 편견은 다양성, 공정, 포용성 등으로 대표되는 미래의 혁신적 비전과 충돌할 때가 종종 있다. 나는 이 책을 쓰면서 글을 쓰는 목적이 점점 분명해지는 것을 느꼈다.

그날 오후 늦게, 이 책의 초고를 쓰던 중에 휴식이 필요했다. 무슨 이유에선지 스티븐 코프Stephen Cope가 쓴 《당신 인생의 대단한 업적The Great Work of Your Life》이라는 책이 나의 눈에 들어왔다. 몇 달 전부터 그 책을 읽기 시작했는데 바쁘다 보니 다 읽지는 못했다. 하지만 진정성 있는 진실된 삶을 살아가라는 그 책의 메시지는 나에게 용기를 주었다. 아무래도 책을 쓰기 위해 무의식적으로 더 많은 영감을 찾고 있었던 것 같다.

제인 구달, 헨리 데이비드 소로, 로버트 프로스트가 어떻게 진정성 있는 진실된 삶을 살았는지에 대해 읽었다. 그들의 이야기는 생각을 자극하는 신비로움을 담고 있었다. 그리고 그 책의 6장에서, 섬뜩할 정도로 친숙한 이름을 보았다. '수잔 앤서니'. 하마터면 책을 떨어뜨릴 뻔했다!

세계 여성의 날, 나는 수잔을 다시 만날 수 있었다. 마치 나에게 가르쳐 줄 것이 남아 있었다는 듯이. 때마침 집필 진도가 더뎠기 때문에, 그의 이야기를 귀담아 들을 준비가 되어 있었다. 마음속 깊은 곳에서부터 메아리치는 중요한 메시지를 세상과 나누고 싶었지만 나는 여전히 내 존재에 대한 회의감에 사로잡혀 있었다.

'나는 왜 진실이라고 굳게 믿고 있는 지혜를 세상을 향해 외치지 못할까? 사자와 같은 강한 열정과 불굴의 정신력이 있는데 왜 고양이처럼 작게 살고 있는 거지?'

이런 고민을 하고 있는 사람은 나뿐만이 아니었다. 예전에 미래가 촉망되는 젊고 재능 있는 직원들을 교육한 적이 있었다. 교육이 끝난 후, 수천 건의 질문을 받았다. 그들은 모두 나와 같은 고민을 하고 있었다. 세상에 기여할 역량이 차고 넘치는 젊은이들이 왜 그렇게 작게 사는 걸까? 왜 타인에게 자신을 소개할 때 자신이 가지고 있는 가치를 평가절하하는가? 세상에 기여한 것들에 비해 훨씬 작은 칭찬 하나라도 받으면 왜 그렇게 부담스러워하는 것인가?

수잔 앤서니는 그날 나에게 새로운 메시지를 주었다.

그의 삶을 묘사한 문장은 오늘날 존경받는 리더들에게도 꾸준히 영감을 주고 있다. "미국 역사상 그 어떤 위대한 인물도, 수잔 앤서니만큼 과거의 고정 관념과 무의식적 편견에 의해 부당한 대우를 받은 사람은 없을 것이다". 100년이 지난 지금도 사회의 약자들은 그 옛날 수잔 앤서니가 여성이라는 이유로 겪었던 불합리한 대우를 직장 생활 속에서 경험하고 있다.

당신은 수잔 앤서니가 대중 연설가로서는 별로였다는 평가에 동의하는가? 그는 연설을 위해 항상 연습하고 또 연습했다. 친한 친구들에게도 많은 조언을 구했다. 옷을 입는 스타일, 자세, 손동작, 말하는 방식 등 모든 것을 준비했다. 그는 자신이 반드시 되고 싶었던 멋진 사람이 되기 위해 할 수 있는 모든 노력을 다했다. 만족하지 못했을 때에는 밤을 새는 열정으로 스스로를 부채질했다.

또 다른 인권 운동가인 클라리나 하워드 니콜스Clarina Howard Nichols는 수잔 앤서니에게 다음과 같이 전했다. "인류의 발전을 위해 이바지하고 있는 당신을 지켜보는 것은 나에게 매우 기쁜 일입니다. 가장 먼저, 큰 뜻을 품고 자신의 현재 상태를 직시하세요. 하나씩 성취하는 작은 성공은 당신에게 새로운 희망을 줄 겁니다. 그 희망은 새로운 믿음을 낳을 것이고, 마지막으로 완전한 결실을 보게 될 겁니다. 그 종착역은 바로 당신의 역사가 될 것입니다".

나는 몇 번이고 나에게 속삭였다. '나만의 새로운 역사가 만들어질 것이다'라고. 그 후, 멀게만 느껴졌던 수잔 앤서니는 이 한 문장을 통해 나의 동료가 되었다. "수잔 앤서니는 세상의 모든 약자들을 대신하여 행동하기로 결심했을 뿐만 아니라, 사회적 약자로 무시받았던 자신들을 위해 행동하기로 결심했다".

내가 이 책을 쓰게 된 이유는 바로 여기에 있다. 수잔 앤서니의 행동과 정확하게 같은 이유다.

"사회적으로 약자에 속하는 여성, 노약자, 장애인들이여, 그리고 조직 생활 중에 자신의 의지와 무관하게 마음의 상처를 받은 이들이여, 당신은 스스로를 위해 자신의 삶을 살아야 합니다. 세상은 당신의 목소리에 귀를 기울이며 당신의 이야기를 듣고 있습니다."

나를 비추는 거울, 고정 관념

어느 신혼부부가 부엌에서 저녁 식사로 고기 찜을 즐겁게 준비하고 있었다. 남편은 아내가 고기의 양 끝을 잘라낸 후 양념해서 오븐에 넣는 것을 지켜보다가, 뭔가 이상하다고 생각했다. 그의 가족들은 한 번도 그렇게 하지 않았기 때문이다. "고기의 양 끝은 왜 자르는 거야?" 아내는 잠시 생각하다가 말했다. "나도 잘 모르겠어. 엄마가 그렇게 하더라고."

얼마 후 있었던 가족 모임에서 남편은 장모님께 다가가 자신의 아내가 했던 것을 설명하며 왜 고기의 양 끝을 자르는 것인지 물어보았다. 장모님은 잠시 생각하다가 "나의 어머니도 그렇게 하셨다네"라고 대답했다. 남편의 궁금증은 여전히 풀리지 않았다.

또다시 몇 주 후, 가족들은 요양원에 계신 외할머니를 찾아갔다. 신혼부부는 20세기로 바뀌던 1900년 무렵 태어나 100세가 되신 할머니께 가까이 다가가서 왜 고기 찜을 하실 때 고기의 끝을 잘라냈는지 물었다. 할머니는 가족들에게 웃으면서 말했다. "내 프라이팬이 너무 작았기 때문이야!"

결국 할머니의 다음 세대들은 아무 생각 없이 할머니의 조리 방식을 고집했던 것이었다. 별다른 이유는 없었다. 명문화된 조리 법도 아니었다. 단지 바쁜 일상에서 일어난 불문율 같은 것이었 다. 문제의 원천이었던 작은 프라이팬은 100년이 지난 지금 더 이상 문제가 되지 않는다.

지금의 우리는 1900년에서 너무나 멀리 와 있다.

고정 관념이라는 지침서　　　　　　　○○●

우리는 할머니가 작은 프라이팬을 사용하던 1900년대가 아닌, 자신의 개성을 소중히 여기는 초개인화 시대에 살고 있다. 셰릴 샌드버그*의 책《린 인》**의 영향을 받은 시대에 살고 있는 것이다. 페이스북의 최고 운영 책임자였던 샌드버그는 사고의 전 환을 통해 사람들에게 자신감을 주고 영감을 불어넣는 리더이자

---

* Sheryl Sandberg: 월트 디즈니 이사회 이사, 스타벅스 이사회 이사 등을 역임했 다. 2012년 타임지에서 '세계에서 가장 영향력 있는 100인'에 선정되었다. 현재는 메 타(Meta)의 최고 운영 책임자다.
**《Lean in》: 2014년에 출간된 책으로 여성의 사회적 진출을 격려하는 내용을 담 았다.

그의 철학을 지지하는 비영리 단체인 〈린인 LeanIn.org〉의 설립자
이기도 하다.

영향력을 가진 리더를 통해 조직에서 외면당하는 사람들에 대
한 선입견을 바꾸는 일은 나에게 새로운 힘을 주는 원동력이었
다. 나는 2013년부터 위축되고 자신감을 잃은 조직의 저성과자
들에게 동기를 부여하는 프로그램을 운영하기 시작했다. 전국적
으로 열린 수많은 토론회는 매우 활기차고 열정적이었으며, 조직
에서 어려운 위치에 처한 저성과자들에게 새로운 활력을 불어넣
어야 한다는 운동에 불을 지폈다.

그러나 대규모의 참가자들이 모여서 토론하는 프로그램은 사
회의 고정 관념에 대항하는 것에 의문을 품었다. 급기야 조직에
서 외면당하는 분들에게 힘을 실어 주는 동기 부여의 취지에서
벗어나 기업의 조직문화와 제도를 탓하는 것으로 논쟁의 핵심이
바뀌었다. 이러한 논쟁은 역사상 처음으로 여성이 미국의 대통령
후보에 올랐던 2016년에 최고점에 달했다. 선거 운동 과정에서
여성에 대한 편견 및 부정적 의견을 역설하는 장면이 생중계되었
다. 선거 결과가 현실화되자 힐러리를 지지했던 수십만 명의 지지
자들은 눈물을 흘렸다. 모두가 진심으로 슬퍼했다.

당시 사회에서 부각되고 있었던 여성에 대한 부당한 편견들,
예를 들어 '여성들은 어려운 도전을 이겨내지 못한다', '여성들은
시스템 적응에 약하다', '여성들은 사회의 잘못된 인식을 스스로

극복해야 한다' 등의 왜곡된 보도가 언론에 무분별하게 노출되고 있었다.

나 자신조차 언론이 사회적 약자들을 대하는 태도에 익숙해지고 말았다. 현재 사회적으로 공유된 공통의 사고방식 때문이다. 그리고 한번 굳어진 사회적 통념은 결과적으로 당사자의 미래를 가로막을 수도 있다. 나는 불합리한 사회적 통념에서 얼마나 자유로운가? 그 질문에 대한 답이 바로 고정 관념에 대한 우리 인식의 현주소다.

고정 관념이란 살아가는 장소와 상관없이 우리가 태어나면서부터 가족, 사회, 미디어 그리고 직장을 꾸려 왔던 집단의 역사다. 사실이 아니더라도 생활 문화 속에 너무 깊이 침투해 있어서 진리처럼 받아들여지고 있다. 우리는 고정 관념에 대해 콕 집어서 설명하기는 어렵지만, 확실히 어딘가 이상하다고 느끼고 있다.

고정 관념은 우리의 어깨 위에 놓여 있는 엄청난 무게의 벽돌이라고 할 수 있다. 그 벽돌은 우리의 행동을 막고, 특정 영역에 스스로를 가두도록 하며, 잠재력을 구속하는 커다란 굴레가 된다. 마치 우리에게 태어나는 순간부터 '이렇게 살아라'라며 강요하는 지침서와 같다. 이 지침서는 어떠한 의도를 가진, 누군가에 의해 쓰인 설명서와 다를 바 없다.

그러나 우리에게는 지침서를 따르지 않을 선택권이 있다.

사회의 탓일까? 내 탓일까?

너무 오랫동안 여자라서, 학력이 낮아서, 특정 지역 출신이라서, 나이가 어려서, 주위의 우려 섞인 눈길에 절망하거나 낙담하여 자신감을 잃는 경우를 많이 봐 왔다. 앞으로 우리가 깊이 생각해 봐야 할 문제는 이러한 고정 관념이 익숙해진 원인을 파악하는 것이다.

사회적 시스템 때문인가? 아니면 나 자신 때문인가?

사회적 시스템에 의한 고정 관념은 세상을 지배하고 있는 일방적인 시각에 뿌리를 두고 있다. 우리가 교육을 통해서 배워 온 진실은 대부분 역사적 사실에 기반하는데, 우리가 알고 있는 '역사'는 세상을 누렸던 강자들의 시각에서 쓰인 이야기다. 세상의 모든 역사적 사실은 '권력의 시각'이라는 렌즈를 통해 발전해 온 것이다. 다음과 같은 것들을 살펴보자.

규칙

법규

사회 규범

직장에서의 관행

지침

보상 시스템

인프라

정부

그리고 기타 등등

　만일 고정 관념이 살아 숨쉬는 존재였다면, 아마도 계속해서 고개를 쳐들고 살아남기 위해 끝까지 애쓰는 야생동물의 모습이 아니었을까? 고정 관념에서 벗어나 사고방식을 새롭게 바꾸기 위해서는 먼저 우리가 볼 수 있는 것과 볼 수 없는 것을 구분해서 판단하는 것이 중요하다. 처음에 마주한 진실은 언뜻 접했던 것과 다를 수 있다. 그러나 그동안 세상을 지배하는 자들이 들려주고 보여 주었던 익숙한 패턴에서 벗어나야 한다. 또한 당장은 보고 들을 수 없지만 내면으로부터 느껴지는 감정을 존중하고, 감정의 변화를 따라 앞으로 나가야 한다. 지금이 바로 그 빛을 발할 때다.

　우리가 내면의 깊은 곳에서 울리고 있는 감정의 흐름을 느낄 수 있다면, 태어날 때부터 우리에게 강요되는 고정 관념의 실체 또한 명확하게 볼 수 있다. 이제 온몸을 뒤덮고 있는 지침서의 그늘에서 벗어나 우리를 기다리고 있는 '나를 위한 맞춤형 무대'로 초점을 옮겨야 할 때가 왔다. 조직과 사회에서 소외되고 인정받지 못하는 이들의 이야기를 할 때가 온 것이다.

　만약 '우리들의 이야기'라는 새로운 시각을 통해 여유를 가진다면 세상은 어떻게 보일 것인가? 그리고 달라진 세상은 과연 어떠할 것인가?

어깨를 짓눌러 왔던 기대치, 평가, 과업의 무게에서 벗어난 우리들의 이야기는 어떠할까? 세상이 달라지기는 할까?

대답은 당연히 '그렇다'다.

2018년 5월에 CNN, 뉴욕 타임즈 등에서 며칠 동안 기사화되었다가 조용히 사라져 버린 뉴스가 있었다. 이 뉴스는 자신을 얽매고 있는 편견, 즉 고정 마인드셋으로 인하여 조직 내에서 어려움에 처한 사람들이 편견과 마주할 만큼 용감해지면 어떠한 결과를 이룰 수 있는지 알려 주는 좋은 사례라고 생각한다. 조직내에 팽배해져 있는 불합리한 제도에 익숙한 우리들은 위의 뉴스가 자연스럽게 '우리들의 이야기'로 받아들여지는지 주목해 볼 필요가 있다.

2018년 5월, 렌트 더 런웨이Rent the Runway*의 공동 설립자이자 CEO인 제니퍼 하이먼Jennifer Y. Hyman은 전 직원 워크숍에서 1,200명의 모든 직원에게 동일한 복리 후생을 제공할 것이라고 발표했다. 사장단, 임원부터 시간제 창고 노동자까지 모든 직원에게 동일한 휴가와 복리 후생 프로그램이 제공된다는 것이었다. 하이먼은 이렇게 말했다. "우리의 결정은 진작 실행되어야 했던 일입니다."

---

* 미국의 패션 회사로, 의류의 일반적인 구매는 물론 회원비를 내고 구독하면 옷을 대여해 주는 서비스를 운영한다.

그런데 2018년 봄, 그는 CNN의 한 방송에 출현해 최근에 깜짝 놀랄 만한 사실을 깨달았다고 밝혔다. "기업에서 복리 후생 제도는 매우 중요합니다. 조직은 직원들의 복리 후생 제도를 강화함으로써 '비용 절감'과 '우수한 인재 확보'라는 두 가지 문제를 해결하고 있습니다. 하지만 저희 회사는 지금까지 특정 사람을 위한 불합리하고 선별적인 복리 후생 시스템을 적용하고 있었습니다."

하이먼은 출산 후 아기를 돌보기 위해 유급 휴가를 신청한 어느 재봉사 직원의 이야기를 들려주었다. 그 재봉사는 자신의 직무가 회사에서 규정한 복리 후생 적용 직무와 관련이 없기 때문에 휴가를 사용할 수 없다는 이야기를 듣고서 몹시 실망했고, 육아를 위해 직장을 그만둘 수밖에 없는 상황에 처했다.

"이것이 바로 우리가 새로운 정책을 만든 이유입니다." 하이먼은 말했다. "기여도의 차이는 있으나, 이제 우리 회사에서는 조직의 대표이사와 일반 직원이 모두 같은 비중으로 중요합니다."

이것에 대해 잠시 생각해 보자.

직원이 50명에서 1,200명 이상으로 성장한 패션업계의 선구자 '렌트 더 런웨이'는 직원들을 직급과 상관없이 동등하게 대우하는 공정한 시스템으로 큰 주목을 받았다. 이사회와 직원들의 지지를 받은 하이먼은 '항상 당연하게 해 왔던' 기존의 방식에 대한 고정 관념을 깨뜨리고 자신만의 방식으로 새로운 프로그램을 만들었다. 기존의 고정 관념은 권력층 중심의 사고를 바탕으로 만들어졌으므로 새로운 결정에 대한 옳고 그름의 평가는 의미가 없었다. '렌트 더 런웨이'의 공정한 복리 후생 사례는 새로운 가능성, 즉 관점을 달리 본다면 오래된 고정 관념도 충분히 바꿀 수 있다는 것을 증명하고 있었다.

새로운 정책을 발표한 직후, 하이먼은 용기를 내 뉴욕 타임즈에 자신의 새로운 정책을 공개하면서 다음과 같은 의견을 피력했다. "그동안 저의 무관심이 직원들 간의 불필요한 계층 문화를 만들었고, 불평등한 문제를 당연하게 여기도록 기여해 왔습니다. 그러나 지금은 회사를 이끄는 사람에게 도덕적인 리더십으로 모든 직원을 공평하게 보살필 의무가 있다고 생각합니다." 그는 언론에 '도덕성 지수'의 중요성을 강조했다.

또한 기업 경영자들이 주주들에 대한 재무적 책임뿐만 아니라 모든 근로자에게 도덕적 책임감을 가져야 할 때이며, 한 걸음 더 나아가 이제는 모두가 새롭게 다시 태어나야 한다고 주장했다.

"우리는 이제 모든 직원이 동등한 관계에서 일하고 즐기는 수평적 직장 문화를 지탱할 여건을 가지고 있습니다. 렌트 더 런웨이가 미래의 기업이 가야 할 길을 보여 주는 좋은 사례가 되기를 바랍니다. 더 인간적인 직장 문화를 만들기 위해서 리더들은 변화해야 하고, 팀의 구성원 한 사람 한 사람을 동등하게 배려하는 모습을 보여야 합니다."

우리는 지금까지 수많은 관행과 믿음의 고정 관념 아래에서 지내는 것에 익숙해져 있다. 이제 새로운 이야기를 써야 할 때가 왔다. 그러나 혼자가 아닌 구성원 모두가 함께 만들어 나가야 한다. 무언가를 새롭게 혁신하는 능력은 곧 힘의 원천이 된다.

모든 것을 새롭게 만드는 세포의 DNA 에너지처럼, 여러분도 무에서 유를 창조할 힘을 가지고 있다. 자신과 주위 사람들을 위해 새로운 삶, 새로운 활동, 새로운 현실을 만들어 보자. 일단 변화의 힘이 발휘되기 시작하면 그 무엇도 막을 수 없다. 다음 세대의 방향을 바꿀 힘은 우리에게 있는 것이다. 우리가 힘을 합쳐서 생각의 변화, 행동의 변화를 만들어 간다면 세상의 고정 관념과 편견을 쉽게 바꿀 수 있을 것이다.

막연하거나 막막한 일이 절대 아니다. 한 번에 하나씩만 바꾸어 나가면 된다.

사회적 고정 관념들은 우리가 약자들을 대하는 방식을 결정한다. 이런 무례한 고정 관념이 고개를 내밀 때마다 반드시 꺾고 없애 버려야 한다. 한 발은 과거에 내딛고 다른 한 발은 미래에 내딛으며 현재라는 공간에 산재된 고정 관념들을 탐색해 보아야 한다. 타인의 시각에서 자신이 어떻게 보일지 고민하는 것은 도움이 되지 않으며, 수많은 기회를 놓치게 될 뿐이다. 여러 해 동안 직원들을 교육하면서 그런 상황을 보며 많이 안타까웠다. 진정한 힘은 내면을 바라볼 때 나온다. 관심과 생각을 스스로의 내면에 집중한다면 삶을 바꿀 수 있는 계기를 만들 수 있다.

나도 모르는 사이에 스며든 고정 마인드셋을 관찰하면서 자신의 삶을 먼저 되돌아보는 것이 변화의 시작이다. 매일 거울에 비친 자신의 모습을 보면서 내 안에 잔잔하게 숨쉬고 있는 자신감과 대화를 시작하며 서서히 내면의 역량을 끌어올릴 때, 진정으로 자신이 원하는 힘이 나타날 것이다. 미래를 만드는 힘은 바깥에 있는 것이 아니다. 잠시 멈춰서 자신을 되돌아보고, 스스로 옳다고 확신하는 방향을 선택할 때마다 우리는 지금과는 다른 미래를 만들 수 있다. 아마 당신도 '렌트 더 런웨이'처럼 변화하는 순간을 맞이하게 될 것이다.

잘못된 사고방식: 피해 의식, 무력함, 막연한 가정　　○○●

집단에서 자연스럽게 굳어지는 고정 관념처럼, 개인이 가지고 있는 고정 마인드셋 역시 자신도 모르는 사이에 모두의 행동을 억압할 수 있다.

　잠시 내 이야기를 하자면, 나는 내 안에 피해 의식이 숨어 있다는 것을 인지하고 있다. 피해 의식은 나를 괴롭혔던 하나의 고정 마인드셋이었으나 다행히 수년 전에 극복할 수 있었다. 한 번 피해 의식에 사로잡히면 늘 스스로를 억울한 상황에 가두기 때문에 스스로 해결하기보다는 다른 누군가가 대신 자신의 억울함과 처지를 알아주기를 바란다.

　자신이 처한 상황과 비슷한 환경 속에서 누군가가 그 상황을 해결해 주는 간접적인 경험은 위안이라는 착각으로 다가온다. 소셜 미디어, 영화, 드라마 그리고 리얼리티 프로그램 등은 그런 면에서 현실을 잠시나마 잊을 수 있게 해 준다. 또한 현실을 도피하려는 의지는 음식, 술, 마약, 섹스 등과 같은 중독으로 이어지기도 한다.

이렇게 우리를 나약하게 만드는 도피처들은 당장은 낭만적으로 보일지도 모르지만 현실 도피는 지금 당장의 고통을 잠시 해결할 뿐인 공허한 행동이다.

피해 의식은 다음과 같이 속삭인다. "사람들의 행동을 관찰해 보면, 각자 그들만의 역할과 책임이 있어. 그러니 너무 걱정하지 마". 물론 이런 속삭임이 꽤나 도움이 되는 것처럼 느껴질 수 있다. '난 못해, 할 수 있는 게 없어!'라고 생각하는 무기력함은 피해 의식의 가장 친한 친구다. 피해 의식이 점차 흐려지기 시작하면 자연스럽게 무기력함이 다가온다. 무기력함은 이렇게 속삭인다.

"네가 피곤한 건 누구 때문이지?"

"계속 쉬어. 다른 사람을 도와주는 일은 이미 충분하잖아."

"그 사람이 어떻게 네게 이럴 수 있어? 감히 너한테 그렇게 많은 것을 요구하다니!"

옆에서 지켜보던 피해 의식은 이렇게 거든다. "그들은 네가 피해자라는 것을 모르는 걸까?"

그리고 피해 의식과 무기력함 이외의 새로운 목소리가 들리기 시작한다. "그냥 지금 하고 있는 일을 계속해". 이 목소리의 주인공은 '막연한 가정'이라고 하는, '만약~'으로 시작되는 가장 위험한 친구들이다. 그들은 상황을 가리지 않고 끼어들어 무의식 속에서 당신을 조종한다.

만약 사람들이 그렇게만 해 준다면…

내가 그렇게만 한다면…

사람들이 장애물을 없애주기만 한다면…

만약 사람들이 나를 멋대로 판단하지만 않는다면…

내게 기회만 있다면 돈을 더 많이 벌 수 있을 텐데…

사람들이 나에게 어떤 편견을 가지고 있는지만 알 수 있다면…

사람들이 나를 조금만 더 존중해 준다면…

나는 그저 [   ]

* 괄호 안의 빈 칸을 채워 보자. 당신에게는 어떤 사고방식이 내재되어 있는가?

의식은 전염된다

피해 의식을 극복하는 것이 얼마든지 가능하다는 것을 느끼게 된 계기가 있다. 2002년이 그 분수령이었다. 그 당시 내 딸 헤더는 5살이었고 나는 100킬로그램이 넘는 비만이었다. 어느 날 나는 부모의 건강이 아이의 건강에 중요한 영향을 미친다는 어느 육아 잡지의 기사를 읽었다. 당시는 과체중과 심각한 식이 장애, 그리고 오랫동안 겪었던 심적 고통으로 고생하던 시기였다. 나는 불행했지만 내 방식대로 행복을 찾기 위해 멈추지 않고 계속 먹었다. 그러나 식탐은 나에게 큰 시련을 주기도 했다. 작은 마을에 살고 있었던 나는, 마치 영화 〈사랑의 블랙홀〉*의 주인공이 된 것 같았

* 원제는 〈Groundhog Day〉. 원래 뜻은 매년 2월 둘째 주에 개최되는 성촉절을 의미하는 것으로, 유럽에서 봄이 오는 것을 예측하기 위해 우드척 다람쥐(그라운드호그)의 행동을 관찰했다는 것에서 유래했다. 영화에서는 성촉절에 취재를 나간 주인공이 며칠이 지나도 계속해서 같은 날을 반복하는 내용을 담았다.

다. 그 순간, 나의 전부인 딸이 현재의 상황을 고스란히 물려받게 되는 건 아닐지 불안해지면서 정신이 번쩍 들었다. 그리고는 과감하게 '내 인생'을 바꾸기로 결심했다.

나는 내 딸의 인생을 바꾸기 위해 무슨 일이든 하기로 다짐했다. 딸에게 내가 수십 년 동안 싸워 왔던 고통을 겪게 하고 싶지 않았다. 당시 나는 열심히 살고 있는 다른 싱글맘들과는 달리, 더 나은 삶을 위해 노력할 만큼 나 자신을 사랑하지 않았다. 하지만 내 딸에 대한 사랑이 나에게 의지를 심어 주었다. 사랑이 결단력과 용기를 준 것이다. 그것을 기점으로 모든 것이 나와 내 딸을 위해서 변하기 시작했다.

> 힘든 삶을 살고 있는 모든 이에게 말하고 싶습니다. 나는 당신이 세상의 보물이라고 생각하고 있으며 그런 당신이 정말 소중하다는 것을 알았으면 합니다. 우리 모두는 새로운 미래를 만들어 낼 힘을 가지고 있습니다. 다른 이들의 칭찬은 우리의 가치를 보여 주는 많은 결과물 중 하나일 뿐입니다.

내 안에 자리 잡고 있는 피해 의식, 그리고 예전부터 나에게 강요되었던 왜곡된 고정 관념들을 깨닫게 된 것은 바로 그때였다. 삶의 팍팍함과 어려움으로 인해 나의 인생관은 심하게 왜곡되었던 것이다. 그 순간의 깨달음이 아니었다면 나는 내 아이에게 이전 세대의 고정 관념을 고스란히 물려주었을 것이고, 아이는 자연스럽게 무기력함과 피해 의식으로 가득 찬 패배자의 길로 들어섰을 것이다.

나는 가장 먼저 폭식의 원인을 찾기 위해 상담부터 시작했다. 나름 7년 동안 기업의 리더들에게 디자인 씽킹*에 관한 시스템적 사고를 가르쳤기 때문에, 나의 잘못된 믿음(일명 멘탈 모델)이 내 눈을 멀게 한다는 것을 알고 있었다. 그러나 나는 내가 인지하지 못했던 머릿속의 무의식적 편견에는 전혀 대비하지 못했다. 내 마음에 무의식적 편견이 둥지를 튼 이유로는 두 가지가 있다.

첫째, 집안 대대로 내려왔던 감정적 학대, 알코올 중독, 생존 위주의 사고방식, 그리고 여성에 대한 무시 등이 내 무의식적 편견에 영향을 주었다. 코네티컷의 거리에서 가난하게 자란 내 아버지의 사고방식은 삶의 처절함과 투쟁하는 과정에서 형성되었다. 아버지는 매우 폭력적이었고 결국 자신의 가족들을 방치한 채 새로운 가정을 꾸렸다. 어머니는 노스 캐롤라이나의 담배 농장에서 8명의 가족과 함께 자랐다. 물론 가족은 소중했고, 몇 가지 좋은 기억들도 있었다. 하지만 그때는 사랑보다 생존이 더 중요했다. 다자녀 가족에게는 암묵적인 사실이었다. 사회적 분위기에 따라 어머니는 19살 때 아버지와 결혼했다. 아직 완전히 성숙하지 않은 어린 나이에 결혼 생활을 시작한 것이다. 어머니와 아버지는 서로가 줄 수 있는 것보다 더 많은 것을 원했고, 결국 그들은 내가

* Design Thinking: 소비자의 성향과 욕구를 이해하고 공감하려는 사고.

13살 때 이혼했다.

둘째, 외모나 학벌 등의 가치에 따라 의식적으로 세상의 기준에 나를 맞추려 했다. 4년제 대학 학위를 따고 외모도 멋지게 가꾸었다. 나쁜 것을 내 자녀들에게 물려주고 싶지 않다는 일종의 책임감이었다. 나는 가족 중에서 가장 먼저 4년제 대학 학위를 땄고, '생존'이라는 사고방식에서 벗어나기 시작했다. 200달러를 들여서 내 외모를 바꾸었으며 새 차도 샀다. 나의 정체성을 되찾는 과정이었다. 외적인 변화를 통해서 얻은 당당함은 당연히 내면에서 울려 퍼지는 나에 대한 자신감이 반영된 것이었다.

나는 스스로에게 많은 질문을 던지면서 의식적으로 다른 시선으로 세상을 보려고 노력했다. 세상을 바라보는 관점이 변하자 내 삶이 긍정적인 방향으로 변화했다. 그렇게 자연스럽게 이전에 했던 수많은 선택의 결과를 마주하게 되었다. 스스로를 제대로 알지 못했을 때로 돌아가 보면 정말 많은 부분이 문제였다. 오랜 세월 동안 이어진 잘못된 사고방식을 깨달은 이후에는 혼란스러움의 연속이었다. 나는 서서히 남에게 보이는 나의 외적인 삶이 더 이상 중요하지 않다는 것을 알게 되었고 외적인 유혹이 내면을 지배하지 못하도록 그 틈을 차단했다. 내면에서 피어오르는 생각, 감정, 열정을 통해서 중요한 변화가 일어나고 있었다. 내면 깊은 곳에서 떠오르는 나의 실제 모습과 세상에 비춰졌던 내 모습은 점점 큰 괴리를 만들었다. 한편으로는 그 차이가 커질수록 더 깊은 혼란 속으로 빠져드는 것을 느꼈다.

나는 크고 지저분한 덩굴로 얽힌 공간에 있는 느낌이었다. 물론 그중에 일부는 내가 만들어 낸 것이기도 했다. 변화할 수 있다는 자신감과는 별개로 주위에서 보내는 차가운 시선과 무관심은 무기력과 절망으로 변해 나를 짓누르기 시작했다. 이혼을 한 뒤에는 10년 넘게 철창 속에 갇혀 지냈다. 그때는 진정으로 희망이 없다고 믿었다. 그렇게 30살이 되던 해, 나는 재혼을 하지 않기로 결정했다. 최후의 결정이었다. 미래에 대한 기대와 꿈을 접는 순간, 내 마음은 산산조각이 났다. 극복하기까지 정말 많은 시간이 걸렸다. 절망감으로 죽을 만큼 힘들었지만 딸의 존재는 나에게 버팀목이 되었고 늘 나의 모습을 잃지 않도록 도와주었다.

삶이 힘들고 지칠 때 나는 과연 상황을 바꿀 전환점을 만들 수 있는가? 우리는 지금까지 자신보다 타인을 더 사랑했다. 그것은 이 시대의 기저에 깔려 있는 병적인 사고방식이다. 이러한 잘못된 사고방식을 고칠 수 있다면, 사고의 변화는 우리에게 엄청나게 큰 힘이 될 수 있다.

어떤 길을 택해야 하는가? ○○●

지금 우리는 과거와 미래 사이의 중요한 교차점에 서 있다. 바로 지금이 중요한 순간을 잡을 기회이며 변화의 중심이다.

우리에게는 두 가지 선택권이 있다. 패배자가 될 것인가 아니면 승리자가 될 것인가. 다시 설명하면 '무력하게 물러설 것인가' 아니면 '더욱 강하고 활기차게 헤쳐나갈 것인가'의 기로에 서 있는 것이다. 지금 당장 설레는 마음으로 모험의 길을 선택할 수도 있고 반대로 내면을 압박하는 고정 마인드셋 속에서 아무것도 느끼지 못한 채 살 수도 있다. 힘 빠지게 하는 차별과 편견 속에서 그냥 분노하며 살 수도 있고, 특정 학교나 집단의 사람들이 더 많은 기회와 선택을 통해서 더 많은 혜택을 누린다는 기존의 고정 관념을 있는 그대로 받아들일 수도 있다. 무의식적 편견을 대표하는 성별, 인종, 출신에 대한 부정적인 반응을 그대로 받아들이거나, 고정 관념이 초래하는 특혜와 공정하지 못한 경쟁을 인정하며 살 수도 있다.

여러 보고서에서 '조직 내의 무의식적 편견이 특정 집단에게 어떻게 피해를 주고 있는가'에 대한 사례를 쉽게 찾아볼 수 있다. 누구든지 최소한 한두 번은 차별적인 대우를 받은 경험이 있을 것이다. 많은 무의식적 편견이 사회적 약자로 취급받는 사람들에게 무력감을 느끼게 하고, 그들이 더 성장하고 승진하는 데에 방해가 되는 큰 짐이 된다.

나는 조직 내에서 어려움을 겪고 있는 분들에게 공통적으로 다음과 같은 질문을 하고 싶다. 10년 후에 평가를 받는다면 어떤 말이 듣고 싶은가? 10년 후에 기존의 나를 뛰어넘기 위해서 지금 어떤 선택을 해야 할 것인가? 자신 안에 있는 내면의 힘을 믿고 있는가, 아니면 지금까지 계속되어 온 부정적인 고정 관념에 사로잡혀 불안해할 것인가? 용기 있게 셀프 리더십을 발휘할 것인가, 아니면 지금까지 해 왔던 방식대로 계속 그럭저럭 살 것인가?

비즈니스 강연자이자 최고 경영진 코치로서, 나는 전 세계 다양한 인종과 연령의 직장인들에게 영감을 주는 메시지를 전달하고 싶다. 최근에 능력 있고 야심찬 젊은 전문 직장인과 대화를 나누었다. 우리의 대화 주제는 '어디에서 자신의 롤 모델을 찾을 수 있을까?'였다. 나는 전 세계 직장인들에게 동일한 질문을 던진다. 어디에서 롤 모델로 삼을 수 있는 멋진 직장인 멘토를 만날 수 있을까?

하지만, 그 질문에는 문제점이 있다. 직장인으로서의 롤 모델을 찾고 있는가, 아니면 인생 전체를 아우를 수 있는 진정한 롤 모델을 찾고 있는가? 누군가가 우리를 이끌어 주길 원하는가, 아니면 힘든 현실에서 구해 주길 원하는가? 사람들은 대부분 답을 찾기 위해 주변을 둘러본다. 그러나 그 해답은 우리 안에 있다.

인생의 답이 그저 스스로를 위로할 뿐이라면 앞을 가로막고 있는 커다란 장애물은 사라지지 않을 것이다.

여성은 왜 승진하지 못하는가? ○ ○ ●

"젊은 여성들은 자신들이 조직의 최고 자리에 오를 수 있을 것이라는 자신감이 많이 부족하다."

"여성들은 자신의 승진 기회에 낙관적이지 않다. 여성 4명 중 1명은 성별 문제가 자신의 승진과 성장에 영향을 미치고 있다고 생각한다."
– 2019년 직장 내 여성 보고서

린인과 맥킨지 앤드 컴퍼니McKinsey & Company가 미국 기업 내 여성 직원들을 조사해서 매년 발간하는 〈직장 내 여성 보고서〉 2016년 자료에 따르면, 직장 내 여성들에 대한 보이지 않는 무의식적 편견은 일찍이 존재하고 있었다. 미국 여성들의 임원 승진 비율은 유럽 등 다른 나라보다 낮으며 특히 여성 고위 경영진의 비율은 30% 미만인 것으로 알려졌다. 이러한 사실은 2017년, 2018년 및 2019년 보고서에서도 동일하게 나타났다.

왜 여성들은 직장에서 당당하게 승진하지 못하는가? 〈2019년 직장 내 여성 보고서〉에서는 이를 '부러진 사다리'라고 표현하고 있다. 그러나 왜 여성은 나이가 들수록 설 자리가 점점 좁아지는가를 생각하기에 앞서, 한 가지 점검해야 할 사실이 있다. 매일 아침 거울을 보면서 자신의 모습에 불만을 품거나 행동을 후회한 적이 있는가? 그렇다면 이제 자신에 대한 불만이나 일과 가정에서의 과도한 요구, 그리고 내면의 수동적인 사고방식이 스스로를 가로막고 있다는 것을 직면할 때다. 이러한 고정 마인드셋은 직장 내 조사에서는 표면적으로 나타나지 않는다. 대부분의 여성들 스스로가 성별에 대한 고정 관념이 있다는 것을 깨닫지 못하기 때문이다. 그동안 무의식적으로 고정 관념을 자연스럽게 믿고 인정했다는 방증이다.

현재 많은 여성이 세상의 중심이 되어서 조직을 리드하고 있으며 미래의 중요한 역할을 맡고 있다는 사실을 깨닫길 바란다. 빌 게이츠의 부인이었던 멜린다 게이츠가 자신의 저서 《누구도 멈출 수 없다The Moment of Lift》에서 강조하듯이 "자신의 능력을 개발하고 발전시키면 누구나 조직을 이끌고 함께 발전할 수 있을 것이다".

사회와 개인, 누가 변화해야 하는가? ○○●

지금부터 제시하는 설명은 미국의 시각에 바탕을 두고 있다. 하지만 중요한 것은 모든 나라가 이미 비슷한 과정을 경험했다는 것이다. 실명을 통해서 조직의 약자들이 겪고 있는 어려움에 대해 생각해 보기를 권한다. 전 세계적으로 많은 이가 한때 어려움을 겪었지만 이를 잘 극복하고 더 멋진 삶을 살고 있다. 이제 우리가 극복할 차례다.

삶을 변화시킴으로써 새로운 결과를 성취했던 경험은 모두에게 한 번씩 있을 것이다. 혁신적인 변화에 성공한 이들이 자신을 바꿀 수 있었던 유일한 방법은 고정 관념의 변화를 통해서였다.

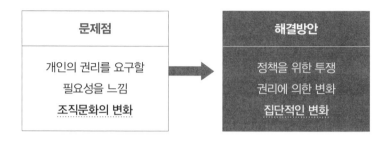

고정 관념이 변화하는 과정은 위와 같이 단순한 일직선 형태로 진행되지 않는다. 문제점과 해결방안 사이에는 항상 의도하지 않은 결과가 있는데, 대부분 긍정적이지만 때로는 부정적 결과로 나타나기도 한다. 의도하지 않은 결과는 우리의 주의를 환기시켜 주고, 변화하는 과정에서 일정한 틀에 갇히지 않게 도와준다.

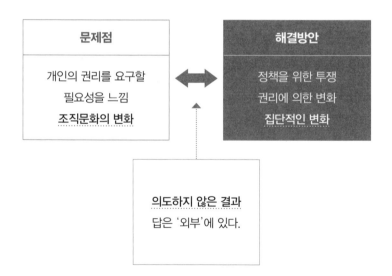

2022년은 미국에서 여성이 투표권을 가지게 된 지 102주년이 되는 해다. 나와 내 남편은 103세인 시어머니 로즈와 2년 동안 함께 살았다. 나는 그를 돌보면서 100년이라는 시간이 얼마나 길고도 짧은지를 깨달았다. 그가 살아 있는 동안 너무나 많은 것이 변했지만 반대로 그대로였던 것들도 많다.

> **여성에 대한 인식에 영향을 준 책들:**
> 《세상을 바꾼 우정》, 페니 콜먼, 엘리자베스 케이디 스탠튼, 수잔 B. 앤서니 저*
> 《세상의 변화: 현대 여성 운동은 미국을 어떻게 변화시켰는가》, 루스 로젠 저**

1900년대 초, 부모님을 따라 시칠리아에서 매사추세츠로 온 시어머니는 세상을 자신의 관점에서 보았다. 그는 여전히 호기심 가득하고 재치 있으며, 세상 돌아가는 일을 알고 싶어 라디오를 듣는다. 2017년 1월 여성들의 행진이 있었을 때, 그는 "전 세계에서 더 많은 여성이 모여서 행진하면 좋았을 텐데"라며 아쉬워하곤 했다. 시어머니의 시대보다 지금의 여성들은 훨씬 더 자유롭

---

* Penny Colman, Elizabeth Cady Stanton and Susan B. Anthony: A Friendship That Changed the Wolrd (New York: Henry Holt and Company, 2013).
** Ruth Rosen, The World Split Open: How the Modern Women's Movement Changed America (New York: Penguin Books, 2000).

고 자신의 의사를 분명하게 표현하며 살고 있다. 시어머니는 "사회에서 여성들을 어떻게 인식하고 있든지 상관없이 여성들은 자신의 특성에 맞게 열심히 살아야만 한다"라고 말했다. 자신의 미래를 더 멋지게 만들 수 있는 방법이 많은데도 불구하고 대부분의 여성은 별로 신경을 쓰지 않는 것 같다면서, 요즘은 여성들이 할 수 있는 일이 아주 많다고 부러워하곤 했다.

다음은 사람들이 무의식적 편견에서 기인한 고정 관념을 어떻게 바라보는지 정리한 것이다.

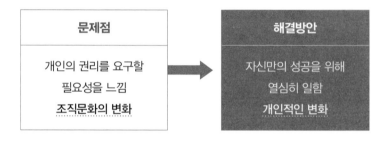

하지만 의도하지 않은 결과를 기억하는가?

'개인적인 변화가 먼저인가 아니면 조직문화의 변화가 먼저인가' 하는 문제는 마치 '닭이 먼저냐 달걀이 먼저냐' 하는 오래된 논쟁과 같다. '가장 우선되어야 하는 것은 사회적 고정 관념의 변화인가? 아니면 자신이 먼저 고정 마인드셋을 탈피하는 것인가?' 에 대한 이슈인 것이다.

일부 여성들은 오늘날 자신들이 누리는 자유를 당연하게 여기면서 자신의 요구를 주장하지 않고 있다. 자유를 얻기 위해 싸웠

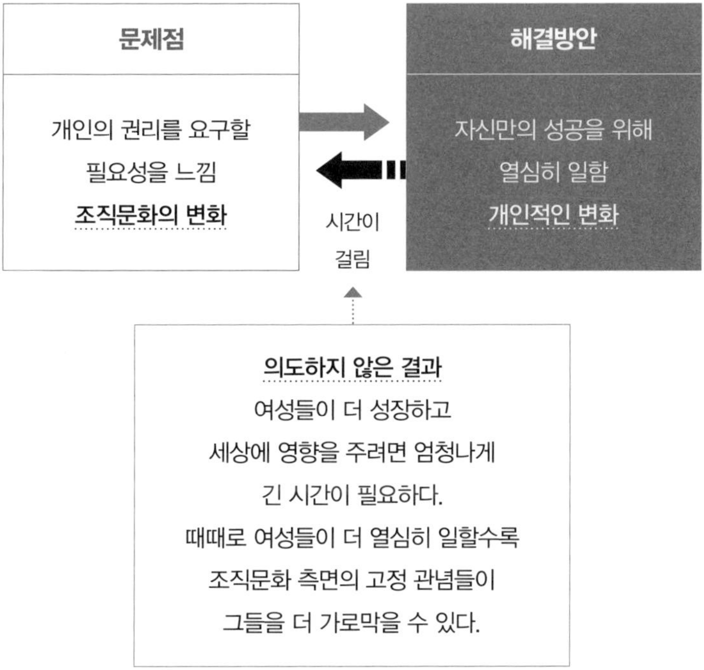

던 이전 세대들의 수많은 투쟁을 이해하지 못하기 때문이다. 2022년인 지금, 1920년대의 어느 여성들이 모여서 자조 섞인 고민을 나누었던 때과 동일한 대화가 오가고 있다. 미국 내 여성을 향한 무의식적 편견과 불평등, 그로 말미암은 불만은 2016년 11월 8일 정점에 도달했고 여성의 권리를 위한 저항이 미국 전역에 되살아났다. 1920년 당시의 행진에 비교하자면 2017년 세계 여성의 날에 참여한 여성의 숫자는 예상을 뒤엎을 정도로 상당했다. 그리고 뉴욕시가 설치한 두 개의 예술 작품(겁 없는 소녀, 돌진하는 황소)은 우먼 파워women power에 대한 새로운 인식을 불러

일으켰다.

많은 여성이 2016년의 역사적인 순간을 기다렸을 것이다. 바로 미국 대통령 선거다. 누구를 지지했느냐와는 상관없이 무의식적 편견을 없애는 과업을 대통령 선거를 통해 이루고자 했다. 힐러리 클린턴의 패배가 여성의 무의식적 편견에 불을 지폈다고 생각할 수도 있다. 그러나 2016년 대통령 선거가 아니었다면, 여성들은 아직도 수많은 무의식적 편견 속에 사로잡혀 있을 수도 있다. 2016년 대통령 선거를 통해서 여성을 새로운 시각으로 바라볼 수 있었으며 개선되어야 할 낡은 시스템과 사고방식이 아직도 존재하고 있다는 사실을 세상에 알렸다. 또한 수십 명의 여성들을 성폭행하여 기소된 할리우드 제작자 하비 와인스타인Harvey Weinstein 사건은 2016년 대통령 선거 결과를 통해서 새롭게 세상 밖으로 드러나며 여성을 포함한 사회적 약자들에 대한 새로운 시각을 전파했다. 전 세계의 여성 언론인들은 여성 및 사회적 약자가 짊어지고 있는 부당함에 대해 경각심을 불러일으켰다. 여전히 숨겨져 있는 사회적 약자들의 지난한 삶의 크기를 점점 깨달아 가고 있는 듯하다.

빛이 '정보의 시작'이라면, 어둠은 '정보의 결핍'이다. 어렸을 때 우리가 어둠을 무서워했던 것을 생각해 보자. 사물이 어둠 속에 가려져 보이지 않을 때 훨씬 더 무섭게 느껴진다. 하지만 빛이 보이기 시작하면 시야가 넓어지고 비로소 변화할 수 있는 기회를 얻게 된다. 사회적 약자들이 머물러 있는 어두운 공간에 빛을 비

출 때 비로소 그들의 마음속에 곪아 있는 상처를 치료할 수 있
는 것이다.

그렇다면 고정 관념을 탈피하는 사고방식의 변화가 치료의 시
작이 될 수 있을까? 우리가 원하는 방향으로 조직문화의 변화를
이끌어 가기 위해서 함께 노력할 필요가 있을까? 그렇다. 조직
내 같은 뜻을 가진 사람들이 모은 목소리는 조직문화의 변화를
촉진하고, 조직문화의 변화는 또 다른 사회적 변화를 이끈다. 최
근 미투 운동을 비롯한 약자들의 울림이 사회의 변화와 반성을
이끌고 있는 것과 같은 이치다.

지난 100년 동안 조직문화는 긍정적으로 변화했지만 아직도
갈 길이 멀다. 이제는 누구나 어떤 과정으로 최고의 조직문화가
만들어지는지 알고 있다. 예전의 사고방식으로 변화를 꿈꿔서는
안 된다. 만약 개개인의 사고방식이 변하고 하나된 목소리를 통
해서 새로운 조직문화를 만들어 냈다면 과연 그것이 변화의 끝
일까? 아니다. 조직이 모여서 만들어 내는 더 큰 물결로 사회적
시스템을 바꿔야 한다.

조직과 개인, 누가 변화해야 하는가?　○○●

육아를 예시로 살펴보자. 부모들은 아기를 처음 키우면서 어린 아이에게 맞는 방식으로 육아를 담당한다. 그러나 아기가 유년기에 접어들면 부모들은 육아 방식과 소통 방식을 바꾼다. 어린 아기와 유년기 자녀에게 같은 육아 방식을 고수하는 부모는 없을 것이다. 자녀가 크면서 사고와 행동이 완전히 달라지기 때문이다. 10대 자녀를 키우는 것과 유아를 키우는 것은 전혀 다른 이야기다. 다행스럽게도 부모는 아이가 자라는 것을 보며 함께 시간을 보내기 때문에 새로운 육아에 적응하는 것이 어렵지 않다. 육아와 마찬가지로 사회적인 무의식적 편견에 대한 관심도 점점 발전해 왔다. 이제 통찰력의 변화와 사고의 전환이 필요하다. 그러나 조직문화의 변화가 유일한 방법은 아니다. 개인의 변화 역시 중요하다.

개인의 변화를 통해서 조직의 변화를 이끌어 내는 데에는 그 자체로도 오랜 시간이 걸린다. 원인과 결과는 시공간적 측면에서 멀리 떨어져 있다. 우리는 이전 세대들의 사고방식에 영향을 받고 있고 지금으로부터 100년 후의 미래 세대들에게 영향을 미칠

잠재적인 힘을 가지고 있다. 따라서 이전의 세대와 앞으로 다가올 세대, 그리고 그 중심에 있는 '현재의 나'와의 연관성을 파악하는 것이 매우 중요하다. 앞으로 펼쳐질 미래는 지금 우리가 매일매일, 순간마다 내리는 선택에 달려 있다.

최근에 이 책에 대한 피드백을 부탁했던 리더십 전문가와 흥미로운 대화를 나눈 적이 있다. 그는 "왜 수잔 앤서니를 언급하세요? 100년 전은 오늘날의 세상과 관련이 없잖아요"라고 물었다.

놀라웠다. 왜 우리와 관련이 없다고 생각했던 걸까? 투표권을 제외하더라도, 수잔 앤서니는 오늘날 많은 사회적 편견을 없애는 데 일조했던 사람이다. 나는 그의 반응을 보면서 사람이 가지고 있는 관점에 다시 한번 놀랐다. 사회에 만연한 고정 관념의 변화는 이제부터가 시작인데도 불구하고 서른세 살인 그에게는 당장 눈앞에 보이지 않으므로 생각할 필요가 없는 현상이었다. 아직 갈 길이 멀다.

만약 수잔 앤서니, 엘라 베이커*, 소저너 트루스**, 앨리스 워커***처럼 사회적 약자들을 위해 헌신한 영웅들이 없었다면 우리는 100년 전처럼 조직의 약자를 향한 시선, 사회적인 편견에 여전히 지배당하고 있었을지도 모른다. 흑인 혼자서는 호텔에서 하룻밤을 묵거나 대중 앞에서 연설을 하지 못하는 등, 지금

---

* Ella Baker: 20세기에 활동했던 흑인민권운동가.
** Sojourner Truth: 19세기에 활동했던 노예제도폐지론자이자 여성인권가.
*** Alice Walker: 소설가이자 흑인민권운동가.

으로서는 상상도 하지 못할 불평등의 시대가 있었다는 것을 잊지 말아야 한다. 그에 비해 21세기 현재에는 사회에 존재하는 무의식적 편견과 유리 천장에 대해 대화를 나누는 것이 그리 어렵지 않으니 얼마나 감사한 일인가.

이전의 세대들이—비록 전부는 아닐지라도—편견과의 힘겨운 줄다리기를 잘 견디고 불합리와 싸웠기 때문에 우리들은 그들과는 다른 현실에서 살고 있다. 또한 직장 내 차별, 유리 천장, 장애인의 권리 등에 대해서도 자유롭게 논의할 수 있고, 이러한 대화는 새로운 미래의 가능성을 열어 준다. 지금 우리는 집단적인 변화가 유일한 해답이 아니라는 전환점에 도달했다.

그렇다면 개인적 변화와 사회적 변화를 위한 우선 순위는 무엇일까? 바로 두 변화의 균형이다.

사회적 변화와 개인적 변화 모두 필요하다. 저울에서 하나의 추가 없다면 다른 한쪽으로만 치우칠 수 있다. 안경을 생각해 보자. 안경을 맞출 때 한쪽 눈만 도수를 맞춰 준다면 사물이 왜곡되어 보인다. 선명한 사물을 보기 위해서는 두 눈의 시력을 비슷하게 맞춰 줘야 한다.

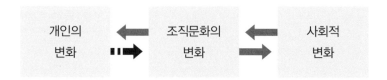

미디어심리학 및 응용행동신경과학분야의 선구자인 매튜 프라이스Matthew Price 박사는 닐슨 소비자 신경과학Nielsen Consumer Neuroscience의 글로벌 미디어 및 기술 담당 부분 부사장이다. 그는 내가 새로운 감정 분석 분야에 관심이 있을 것이라고 생각했다. 감정 분석이란 넓은 의미에서 말하자면, 선택된 주제에 대한 청중의 태도를 분석하기 위해 인공지능을 사용하는 것이다.

프라이스 박사는 이 분야에서 획기적인 일을 하고 있는 연구회사인 센티멘트sentiment analysis를 내게 소개해 주었다. 센티멘트 회사의 프로그램은 인공 지능을 사용해서 세계 뉴스, 글로벌 동향, 소셜 미디어를 포함한 백만 개 이상의 데이터를 실시간으로 분석하여 해당 주제와 관련된 감정들을 도출한다. 센티멘트의 설립자이자 CEO인 마이카 브라운Micah Brown은 유리 천장, 무의식적 편견, 직장 내 여성 차별, 조직에서 소외된 자들의 스트레스 등 이 책에서 다루고 있는 몇 가지 주제에 대한 감정 분석을 실시했다.

그 결과를 보면, 특히 소셜 미디어 분야에서 기존 고정 관념에 대한 전 세계적인 관심을 확인할 수 있었다. 이슈들을 둘러싼 일반적인 감정들을 강력한 순서대로 나열하면 다음과 같다.

　1. 분노

2. 혐오

3. 슬픔

전 세계적으로 성차별에 대한 SNS 반응은 압도적으로 부정적이다. 감정 분석 분야는 아직 걸음마 단계이지만, 성차별에 대해 토론할 때 사용하는 언어뿐만 아니라 그들의 말 뒤에 숨겨진 감정을 관찰해 보면 성차별에 대한 무의식적 편견은 다음의 몇 가지 현상에 의해 영향을 받고 있음을 알 수 있다. 첫 번째, 밴드웨건 효과band wagon effect다. 즉 특정한 믿음을 가진 사람이 많으면 많을수록 대중은 그 믿음을 받아들일 확률이 더 커진다. 두 번째, 증명된 소수의 자료에 대한 영향이다. 대중은 작은 정보에 너무 많은 가치와 중요성을 두는 경향이 있다. 매주 신문들의 헤드라인과 블로그 포스트, 언론 인터뷰 등은 때때로 무의식적이긴 하지만 증명된 하나의 정보를 통해서 대중의 고정 관념을 더욱 강화시키고 있다. 세 번째는 앵커링 현상anchoring effect이라고 불리는, 어떤 결정을 할 때 지나치게 처음 정보에 의존하는 현상이다. 사회적 약자들은 반복적인 문화적, 성별, 출신별, 인종별 고정 관념에 익숙해지고, 그 생각에서 벗어나지 못한 채 자신의 능력을 과소평가하거나 직면한 도전 과제에 불안해하는 경향을 보인다.

프라이스 박사는 편견으로 자신감 상실하는 것은 당연한 일이라고 말한다. "저는 현실의 상황과 인간의 경험을 연구하는 데 많은 시간을 보냈습니다. 우리의 세계관과 집단 의식이 어떻게 융합

되어 가치관이 되는지, 그리고 우리가 우려하고 있는 것이 어떻게 현실이 되는지를 설명하고 있죠. 그러나 우리의 현실은 강자와 약자에 대한 편견과 고정 관념에 동의하는 사회적 계약에 지나지 않습니다. 그 편견이 행동으로 옮겨지기 전에 객관적 사고를 통해 균형을 찾아야 합니다. 그래야만 다른 사람들에게도 같은 결과를 기대할 수 있습니다."

균형은 살아가는 동안 마주치는 작은 편견과 고정 관념이 행동으로 바뀌지 않도록 매우 중요한 역할을 한다. 보이지 않는 곳에서 울려 퍼지는 북소리가 더 크게 들리고 위협적인 것처럼, 균형은 조용히 우리의 관념을 조종한다.

성차별을 다르게 보기

피해 의식을 극복하고 정상적인 자신을 찾기 위해서는 성차별을 다른 시각에서 접근해야 한다. 비록 모든 문헌을 검토한 것은 아니지만, 이어서 소개할 세 개의 연구가 성차별에 대한 통찰력과 조언을 보내고 있다. 그들의 의견이 결정적인 것은 아닐지라도 새로운 시각을 담고 있다는 것은 확실하다.

성차별 축소

2017년 7월, 컬럼비아 경영대학원은 직장 내 여성들의 자신감과 성차별에 대한 반응이 서로 어떠한 관계가 있는지에 초점을 맞춰 연구를 진행했다. 이 연구의 결론은 성차별에 너무 민감하게 반응하지 않을 것을 제안한다. 즉, 성차별을 수면 위로 끌어 올리는 것보다는 무대응으로 일관하는 것이 직장에서 자신감을 높이기 위해서는 더 좋은 전략이라는 것이다. 성차별에 대한 관심을 줄인다면 남녀 간 인식의 격차를 줄일 수 있으며 자연스럽게 여성들이 자신들의 성과를 이야기하고 증명할 수 있는 더 나은 방법이 될지도 모른다.

조직의 직급과 고정 관념의 관계

2016년 7월 예일 대학교와 뉴욕 대학교의 교수들은 직장 여성들의 직급과 고정 관념에 대한 관련성을 조사했다. 연구진은 조직에서 권력을 가지고 있는 위치와 여성으로서의 고정 관념 사이에서 직접적인 연관성을 발견했는데, 자신이 힘이 있다고 느끼는 여성들은 고정 관념을 거의 가지고 있지 않는 것으로 나타났다. 흥미롭게도 남성 직장인들은 직급에 따라 여성에게 느끼는 고정 관념에 큰 차이가 없었다. 이러한 결과는 1999년 휴렛팩커드 Hewlett Packard의 첫 여성 CEO가 된 칼리 피오리나Carly Fiorina의 인터뷰로 설명할 수 있다. "저는 제 성별을 크게 의식하지 않았어요. 저는 오래전부터 저를 여성이 아닌 사업가로 인식했고, 생물학적 성별이 단지 여성일 뿐이라고 생각했죠."

할리우드는 여성에게 고정 관념을 갖고 있었다

2013년 올가니제이셔널 다이나믹스Organizational Dynamics에 발표된 한 연구는, 100편의 할리우드 영화에서 주연 및 조연으로 등장하고 있는 전문직 여성 캐릭터을 대상으로 여성이 작품 속에서 어떻게 묘사되고 있는지 살펴보았다. 결론적으로 할리우드는 여성 캐릭터에 긍정적인 영향을 바라지 않았다. 전문직 여성 캐릭터는 심각한 결함이 있거나 능력이 부족한 사람으로 자주 표현되었으며 출세를 위해 아첨하고 부도덕한 행동도 서슴지 않는 인물로 묘사되곤 했다.

연구자들은 다음과 같은 문제점을 제기했다. "직장 내에 존재하는 유리 천장이 지속적으로 고착화되는 것에는 언론의 책임도 있다. 그들은 앞으로도 더 많은 비판을 받아야 마땅하다."

1986년 월스트리트 저널에서 처음 사용되고 일반화된 '유리 천장'이라는 단어가 지금까지도 자연스럽게 사용되고 있는 것은 매우 심각한 사회적 문제다.

우리는 반드시 기억해야 한다. 기존의 수많은 연구들은 모두 무의식적 편견에 의하여 스스로 만들어 낸 고정 관념에 영향을 받았다. 고정 관념은 살아 숨쉬는 존재로 생각해야 한다. 이들은 눈에 보이지 않기 때문에 주변에 가득 산재해 있음에도 불구하고 어느 누구도 눈치 채지 못한다. 서서히 사람들의 사고에 잠식되는 것이다. 만약 우리가 의식적으로 이 고정 관념을 철저히 배제한 채 이성적인 사고와 객관적인 사실에 근거하여 새롭게 사고

해 나간다면 미래는 어떻게 변할까?

조직문화만으로는 바꿀 수 없다

수많은 직장 내 보고서, 점점 더 높아지는 다양성에 대한 요구, 그리고 높아진 객관적 인식에도 불구하고, 아직까지 주위에 팽배한 고정 관념은 쉽게 바뀌지 않고 있다. 기존의 고정 관념을 부추기는 사고방식은 앞에서 언급한 고기와 프라이팬 이야기처럼 우리가 직장에 들어가기 훨씬 전부터 이미 내면에 녹아들어 있다. 이 문제는 〈2019년 직장 내 여성 보고서〉에서 강조된 '부러진 사다리'와 관련이 있다. 고정 관념이 굳어진 원인과 이에 따른 결과가 시공간적으로 멀리 떨어져 있기 때문이다. 조직 안에 흐르고 있는 문화를 이해하는 것은 중요한 발전이지만, 이러한 조직문화를 바꿀 수 있는 역량은 기업의 범위를 벗어나 있다. 피해 여성들에게 필요한 것은 주변에서 내미는 도움의 손길과 허물없는 대화. 우리는 대대로 전해지는 무언의 고정 관념을 과감히 던져 버리고 더욱 용감하게 자신의 생각을 주장해야 한다.

'긍정적인 사고'의 힘

나는 사람들의 사고방식 속에 나이, 인종, 문화, 경제적 지위 등을 초월하는 보편적인 믿음이 있다는 것에 놀랐다. 이러한 보편적인 믿음은 매우 단순하지만 오히려 그 '단순함'에 강력한 힘이 있다. 지금 이 순간부터 단순함의 매력에 빠져 보자. 단순함은 친한 친구처럼 더 편하고, 매력적이며, 고상하게 느껴진다.

앞서, 나는 여러분에게 마음속에 자리 잡고 있는 못된 아이 중 하나인 피해 의식을 소개했다. 피해 의식은 꽤 일찍부터 나의 친구가 되고 싶어 했다. 내가 심각한 청각 장애를 가지고 태어나자 피해 의식은 나를 절망에 빠뜨리려 했다. 그러나 운이 좋게도 나는 낙천적인 성격이었기에, 장애를 원망하기보다는 오히려 새로운 통찰과 영감을 주는 선생님으로 모셨다. 나는 단점을 빨리 극복하기 위해 다른 사람들보다 훨씬 더 일찍 듣는 법을 배웠다. 덕분에 사람들이 소리내어 말하지 않아도 무엇을 말하고 있는지 맞힐 수 있을 정도가 되었다. 그 능력은 나를 진실로 인도해 주었고, 진실은 나의 소울 메이트가 되었다. 삶이라고 불리는 이 여정에서 진실은 나에게 힘과 강인함, 희망을 일깨워 주었다. 진실은 꽤 매력적이고, 재미있고, 창의적이며, 용감한 친구다. 그는 어려움을 극복하고 현재 멋진 삶을 살고 있는 7명의 인재들 곁으로 나를 안내했다.

내가 고정 관념을 다시 생각하고 고칠 수 있었던 것은 바로 긍정적인 사고 덕분이었다. 인재들의 다양한 이야기를 통해 무의식적으로 우리의 미래를 가로막는 기본적인 사례들을 소개하려고 한다. 하지만 그것보다 더욱 중요한 것이 있다. 이들의 이야기를 통해 여러분이 각자 내면에 숨어 있는 힘을 발견해서 그 믿음이 인생을 어떻게 변화시키는지 충분히 느낄 수 있었으면 좋겠다.

그럼 이제, 길고도 짧은 모험을 시작해 보자.

2장

타인에게 휘둘리지 않는
멘탈 관리

사고에도 DNA가 있다

수만 명의 리더를 교육하면서 깨달은 변화에 대한 진실은, 바로 자신의 사고방식을 바꾸는 것이 변화의 시작점이라는 것이다. 리더들은 새로운 기술을 배우고, 기존의 기술을 연마하고, 두려움과 실패를 극복하기 위해 자신을 격려하는 데에 에너지를 소모한다. 물론 긍정적인 현상이다. 이러한 노력은 미래를 개척하는 데에 도움이 될 수 있다. 그러나 그 에너지는 순식간에 소진되어 버린다. 그들의 마음속 깊이 자리 잡고 있는 무의식적 편견과 불편한 기억들이 자신도 모르게 되살아나서 방해하기 때문이다.

자신의 내면에 숨쉬고 있는 힘을 진정으로 깨닫기 위해서는 먼저 세상을 보고 판단하는 기준인 '멘탈 모델' 개념을 이해하는 것이 도움이 된다. 멘탈 모델은 세상을 보는 렌즈다. 우리가 세상의 모든 사건과 사고를 해석하기 위해 쓰는 안경인 셈이다. 멘탈 모델을 통해 얻는 생각은 옳다고 할 수도, 틀렸다고 할 수도 없다. 사람은 각자 자신만의 독특한 멘탈 모델을 가지고 있기 때문이다. 아이들을 양육하는 방식, 회사를 운영하는 방식, 정부를 이끌어가는 방식, 그리고 나이 들어가는 방식은 사람마다 다른 법이다. 얼핏 들으면 특별할 게 없는 이야기로 들릴 수 있겠으나, 사실 멘탈 모델은 매우 위험한 힘을 지니고 있다.

멘탈 모델이 위험한 이유는, 무의식적 편견의 영향을 받기 때문이다. 심지어 무의식적 편견으로 인해 변형된 멘탈 모델이 이미 여러분에게 결정적인 영향을 주고 있다는 사실조차 깨닫지 못할 것이다. 멘탈 모델은 기존에 갖고 있던 확신과 믿음에 근거하여 정보를 찾고, 해석하고, 기억하는 확증 편향적 개념이다. 즉 다양하게 해석될 가능성이 있는 사실일지라도 우리는 이미 익숙한 멘탈 모델을 고수하는 것이다.

나는 주변에서 이러한 자기 확신으로 똘똘 뭉친 사람을 자주 본다. 그들은 더 이상 현재의 상태를 명확하고 객관적으로 볼 수 없을 정도로 자신만의 세계에 빠져 있다. 설상가상으로, 그 확신에는 객관성이 결여되어 있다는 사실조차 인식하지 못한다. 오늘날 우리가 직면하고 있는 가장 큰 위기는 바로 주관적인 멘탈 모델에 대한 인식 부족이다. 이러한 현상이 생기는 이유는 각자가 지닌 편향된 멘탈 모델을 인정하지 않고 자신의 생각과 판단이 유일한 정답이라고 믿기 때문이다. 하지만, 유일하게 존재하는 정답은 허상에 불과하다. 세상에는 상황에 따라 여러 가지 정답이 있을 수도 있다. 답은 그 자체로도 의미가 있으며, 상황을 고려하면 더 큰 개연성을 갖게 된다. 그 상황적 개연성은 자연의 현상과 매우 비슷하게 진화하고 변화하며 적응한다. 그렇다면 진화·변화·적응하는 자연의 이치는 리더십 영역에 힌트를 줄 수 있을까? 나는 충분히 가능하다고 믿는다.

DNA가 생물체(시스템)의 특성을 결정하는 유전자 코드라는 것을 모르는 사람은 없을 것이다. DNA에 저장된 정보는 유전 물질, 즉 다음 세대로 전달되는 정보에 청사진을 제공한다. 그 이중 나선 구조는 놀라운 발견의 상징이 되었다. DNA의 이중 나선 구조처럼 어쩌면 우리의 멘탈 모델도 개인과 조직이라는 이중 나선으로 구성되어 변화를 이끌어 주는 역할을 하고 있는 것은 아닐까? DNA의 이중 나선 구조는 조직의 더 높은 곳으로 올라가서 다른 시각으로 세상을 바라볼 수 있도록 도와주는 작은 사다리가 아닐까?

과학자들은 건강에 대한 해답을 찾기 위해 DNA를 연구하고 있다. DNA를 통해 혈통에 대한 정보를 얻으며 건강 지도를 넓혀 가고 있다. 세상을 이해하고 바꾸는 데 있어서 DNA가 얼마나 강력한 힘을 가지고 있는지에 대한 연구는 여전히 걸음마 단계에 머물러 있지만, 인간이 사고의 DNA에 갇히지 않았다는 것을 보여 주는 새로운 발견들이 속속 등장하고 있다. 우리는 사고의 DNA에서 벗어나서 스스로의 삶을 결정할 수 있다. 자신의 의지로, 아직까지 인식하고 있지 못한 내부에 있는 잠재력을 이용할 수 있는 것이다.

뒤에서 소개할 차세대 젊은 인재들의 이야기는 여러분 개개인이 각자의 능력을 발견하면 미래의 멋진 삶을 살 수 있다는 것을 보여 줄 것이다. 그들의 이야기를 읽기 전에, 먼저 이 깨달음에 대해 진지하게 생각해 보자. 우리는 지금 이 순간에도 자신을 새롭게 변화시킬 힘을 가지고 있다. 생각은 스스로의 노력을 통해서 점점 더 발전해 나가며 생각의 변화는 새로운 미래를 만드는 원동력이 된다.

그렇다면 어떻게 새로운 현실을 추구하는 방향으로 생각을 전환해야 할까? 생각의 전환은 다음의 3단계로 이루어진다.

1단계 : 일시 정지　　　　　　　　　　ooo●

지금까지 나를 붙들고 있었던 피해 의식과 편견에서 벗어나 새로운 사고를 통해 행동을 변화하기 위해서는 멈춰서서 충분한 시간을 가지려는 노력이 필요하다. 생각과 행동 사이에는 공간이 있고, 그 공간에는 변화의 기회가 있다. 이것을 피벗 존pivot zone이라고 한다. 즉 지금까지 정신없이 움직였던 반사적인 반응에서 벗어날 수 있도록 나를 잠시 멈추는 공간이다. 이 공간에서 우리는 새로운 사고를 받아들인다.

2단계: 반영 및 축소 ○○●

일단 우리가 기존에 무의식적으로 해 왔던 생각과 행동을 인지하게 되면 이러한 생각과 행동에 대해 고민하고 개선하기 위해서 노력해야 한다. 즉 객관적인 위치에서 의식적으로 사물을 다른 관점으로 보는 것이다. 스스로에게 물어보자. 내가 왜 그렇게 말했지? 내가 왜 그랬을까? 내가 정말 그렇게 믿는 것인가, 아니면 무엇에 영향을 받는 것인가? 내가 의식적으로 두려워하고 있는 것은 무엇인가, 또 무의식적으로 두려워하고 있는 것은 무엇인가? 내가 목소리를 내지 못하는 이유는 무엇인가?

이론에 따르면, 어떤 문제에 대해 7번을 반복해 물어보면 결국 진실을 알게 된다고 한다. 이 과정을 통해 당신은 그동안 무의식적으로 스냅 사진을 찍듯이 문제를 당연하게 받아들여 왔다는 것을 알게 될 것이다. 당신은 무의식 속의 그 스냅 사진을 '문제 해결 방식'이라고 믿고, 무의식적인 사고를 통해서 평생 동안 반사적으로 생각하고 행동해 왔던 것이다. 아마 무의식적인 사고의 일부분은 당신의 가족들로부터, 다른 일부분은 선생님이나 직장 상사로부터 영향을 받았을지도 모른다.

일상에서 벗어난 사건을 마주했을 때 당신은 다음부터 조심하자는 생각으로 아무 의심 없이 넘겨 보냈을 것이다. 그렇게 계속 생겨난 생각의 주머니들은 결국 포화되어 넘쳐나는 지점에 도달한다. 생각의 흐름은 고정 관념으로 점철된 멘탈 모델 이외의 것들을 아무 고민 없이 지워 버릴 것이다. 사람의 뇌는 익숙해져 있는 멘탈 모델로 가득 찰 때까지 자료를 계속 축적하며, 그렇게 신체는 계속 성장하지만 사고방식은 유아기에 머무르게 된다. 이 책에서 소개할 젊은 인재들의 일화는 이렇게 전한다. "여러분, 이제 머릿속 파일들을 정리할 시간입니다. 여러분 내면의 사고가 모여서 형성된 사회 전반의 고정 관념들이 우리의 앞을 가로막고 있습니다".

3단계 : 선택　　　　　　　　　　　　　　　○○●

인간에게는 스스로의 의지로 선택할 수 있는 능력이 있다. 비록 당장 해야 하는 일, 하지 말아야 할 일, 할 수 없는 일들에 파묻혀 있더라도 우리에게 선택의 능력이 있다는 사실에는 변함이 없다. 이제 성장을 막고 있는 모든 장애물들을 없애고자 한다. 작은 행동 하나하나가 미래에 큰 영향을 줄 수 있다는 것을 명심하자. 뒷장에 나오는 젊은 인재들이 우리에게 전하고자 하는 생각의 변화는 실제로 매일매일, 매 순간마다 일어날 것이다. 생각을 흔드는 거대한 변화는 어떤 특수하고도 거대한 생각의 전환으로 발생하는 것이 아니다. 그저 개개인에게 매일 일어나는 수백 개의 작은 변화가 모이고 쌓여서 생기는 결과일 뿐이다. 작은 변화가 모여서 우리가 생각하고 살아가는 방식에 큰 변화의 물결을 만들어 낼 것이다.

전 세계 사람들에게 나타나는 가장 흔한 멘탈 모델은 무엇일까? 이러한 멘탈 모델, 생각의 흐름은 일상 생활에서 어떻게 드러나고, 어떠한 영향을 끼칠까?

이제 7명의 젊은 인재들을 만나 보자. 이들은 우리 내면 깊이 숨어 있으며 종종 무의식적으로 행동에 영향을 주는 멘탈 모델을 지적한다. 언뜻 보기에 이러한 멘탈 모델 중 일부는 아주 당연해 보일 수도 있고, 어떤 것들은 충격적으로 들릴 수도 있다. 솔직히 나는 인간의 무의식적 내면에 적잖이 놀랐고 처음에는 믿지 못했다. 그러나 계속 한 곳에 머무르며 살 순 없었기에 직업, 인종, 나이, 배경, 문화, 지위, 경험 등이 다른 전 세계 인재들을 대상으로 멘탈 모델을 하나씩 분석하고 테스트해 보기 시작했다. 그리고 연구 결과는 일관된 결론을 보여 주었다. 인정하든 인정하지 않든 이 젊은 인재들의 생각은 모두 옳았다.

책을 읽다가 한두 번 불편함을 느끼더라도 놀랄 필요는 없다. 단지 변화를 위한 신호로 받아들이면 된다. 숨을 깊이 쉬고 당신의 뇌가 전달하는 느낌을 감사하게 생각하며 계속 읽어 나가면 된다. 용기를 내라. 행동은 당신을 배신하지 않을 것이다.

레드 존, 옐로우 존, 그린 존 ○○●

'선과 악', '옳고 그름'이라는 흑백 논리를 피하기 위해 인재들의 사고 변화를 신호등 색깔(레드, 옐로우, 그린)에 비유하여 설명하려 한다. 각각의 인재들이 서서히 자신을 드러내듯이, 변화는 꾸준히 일어난다는 것을 기억하자.

레드 존 - 잠시 멈추고 생각하기

지금 이 순간 떨쳐버리지 못한 고민이 있는가? 평소대로 침묵하고 있는가? 인정을 받고 싶은 욕구의 원인은 무엇인가? 인생에서 가장 어려운 순간은 선택의 기로에 놓일 때다. 우리는 언제나 스스로의 의지로 선택할 수 있다. 다만 급하게 결정해서 변화의 기회를 놓치고 있는 사람이 많다. 그들은 고통을 느낄 때까지 변화할 생각을 하지 않는다. 사람은 몸에서 좋지 않은 신호를 보낼 때에야 비로소 습관을 바꾼다. 이러한 신호는 결혼 생활 중에 느낄 수도 있고, 실직 혹은 승진이 되지 않는 상황에서 느낄 수도 있다. 어떤 상황이든 고통은 변화의 촉매제가 되는 경우가 잦다.

고통스러운 상황에 직면했을 때 대부분은 벗어나려고 노력하지만 어떤 이들은 여전히 빠져나오려 하지 않고 그 안에 갇혀 있기도 한다. 이렇듯 반응의 차이는 문제를 바라보는 관점에 있다. 변화의 고통은 우리의 밝은 미래가 제공하는 선물이다.

새로운 길로 가는 통로 : 새로운 방향으로 가기 위한 밑거름

옐로우 존 – 천천히 나아가기

새로운 방향으로 작은 발걸음을 내딛음으로써 이전과는 다른 변화의 빛을 느낄 수 있을 것이다. 이 변화를 통해서 당신이 보여 준 결과를 마음껏 표현해도 좋다.

그린 존 – 전진하기

그린 존은 자유가 있는 곳이다. 인생의 평안과 즐거움이 공존한다. 그린 존의 자유는 여러분에게 손짓하며 그 안에서 자신의 힘을 발견할 수 있게 도와줄 것이다. 뒤에서 소개할 인재들의 사례는 변화의 의지를 역설하고 있다. 자기 만족에서 벗어나라. 세상이 당신에게 강요하는 속박으로부터 자유로워져라. 스스로에게 가하는 속박으로부터 자유로워져라.

어떤 사람에게는 이들이 보여 준 사고방식의 전환이 전등 스

위치를 켜는 것처럼 쉽게 느껴질 수 있다. 그러나 대부분의 사람들은 변화를 내재화하기까지 많은 시간이 필요하다. 인내심을 가질 필요가 있다. 사고방식을 바꾸는 속도는 의식적이든 무의식적이든 당신 삶에 있을 고통의 시간과 비례할 수 있다. 옳고 그른 길은 없다. 오직 당신의 길만이 존재할 뿐이다. 고난에서 벗어나 승리의 기쁨을 맛보는 것은 당신의 몫이다.

변화가 쉬운 것이었다면 이미 모두가 원하는 삶을 살고 있을 것이다. 책의 앞부분에서 말한 어항 이야기를 다시 생각해 보자. 우리는 그동안 고정 관념 속에서 너무 오랫동안 헤엄쳐 왔기 때문에 한 번에 전체를 바꾸는 것은 어려울 수 있다. 일곱 인재들의 이야기는 바로 여기서 시작된다. 그들이 주는 메시지 중 하나는 반드시 여러분과 연관되어 있을 것이다.

조직에서 어려움에 처한 직원들은 주로 비슷한 문제로 서로 뭉치고 공동 커뮤니티를 형성한다. 각자가 처한 상황이 마치 가족처럼 친숙하게 느껴지기 때문일 것이다. 어려움에 처한 사람들을 위하여 최선을 다해 함께해 주기도 하고, 가장 힘들 때 함께 있어 주기도 한다. 7명의 인재들은 처음에는 자신을 가로막고 있는 장벽을 누군가가 해결해 주기 바랐다. 그러나 아무도 해결해 주지 못했고 결국 자신의 내면을 통해서 변화했다.

그들의 조언은 당신의 인생에 도움이 될 수 있다. 그러나 평가하려 해서는 안 된다. 평가는 오히려 우리의 고정 관념을 인정하는 명분이 될 뿐이다. 인생에는 정해진 길이 없다. 의식적으로 그리고 의도적으로 매일 하나씩 선택하는 것이다.

지금부터 보물을 찾는 여정을 시작하자.

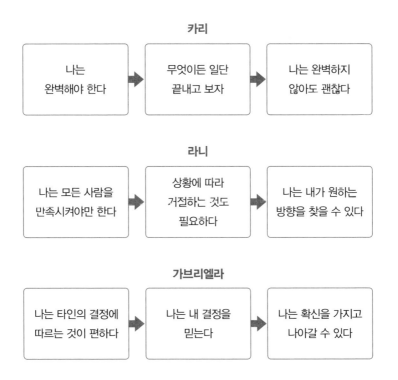

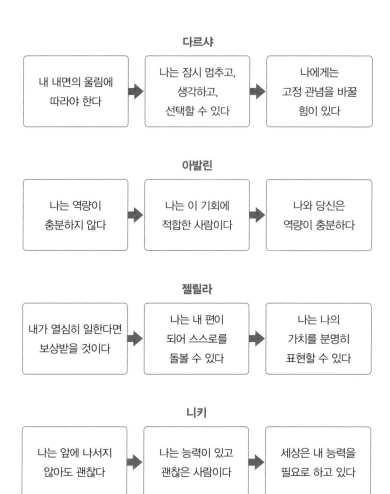

다르샤

| 내 내면의 울림에 따라야 한다 | → | 나는 잠시 멈추고, 생각하고, 선택할 수 있다 | → | 나에게는 고정 관념을 바꿀 힘이 있다 |

아발린

| 나는 역량이 충분하지 않다 | → | 나는 이 기회에 적합한 사람이다 | → | 나와 당신은 역량이 충분하다 |

젤릴라

| 내가 열심히 일한다면 보상받을 것이다 | → | 나는 내 편이 되어 스스로를 돌볼 수 있다 | → | 나는 나의 가치를 분명히 표현할 수 있다 |

니키

| 나는 앞에 나서지 않아도 괜찮다 | → | 나는 능력이 있고 괜찮은 사람이다 | → | 세상은 내 능력을 필요로 하고 있다 |

완벽주의자인 당신,
포기하는 연습을 하라

카리는 가정과 직장 사이에서 엄마와 사업가로 바쁘게 살아가고 있는 바쁜 워킹맘이다. 17년간 마케팅 분야에서 일을 하고 있는 베테랑 카리는 두 개의 사업체를 소유하고 있으며 어린 세 명의 자녀를 두고 있고 요리, 고객, 그리고 일에 큰 열정을 가지고 있다. 그의 가장 최근 사업인 데이트 코칭 회사는 포브스와 비즈니스 인사이더, 그리고 몇몇 네트워크 뉴스 프로그램에 특집으로 실리기도 했다. 그는 세상을 바꿀 수 있는 아이디어를 가진 현명한 사람이며 진솔하고 센스 있는 성격으로 고객들에게 사랑을 받고 있었다. 그의 성공 방정식은 미래를 향한 야망, 끊임없이 생각하는 아이디어, 그리고 결과를 이끌어 내려는 의지로 이루어져 있다.

카리의 취미는 요리다. 집에서는 어린 자녀들이 늘 밥을 먹기 싫어했고 그 때문인지 사람들이 자신의 요리를 맛있게 먹는 것에 큰 보람을 느낀다. 카리는 또한 사회 봉사에 관심이 많다. 동네에서 포틀럭 파티*가 열리면 정말 열정적으로 참여한다. 그는 자신에 대해 다음과 같이 이야기한다. "요리를 해 줄 사람이 있다는 것은 정말 가슴 뛰는 일이에요. 동네 사람들은 제 요리를 먹고 고마워했죠."

파티를 위해 레시피를 한가득 준비한 카리는 신중하게 자신이 할 수 있는 최고의 요리를 골랐다. 드디어 결전의 날이 왔고 늘 그랬듯이 요리에 몰두했다. 그러나 파티 당일, 느닷없이 남편이 낚시를 하러 가 버렸다. 집에는 아이들을 돌볼 사람이 없었다. 설상가상으로 요리를 시작하기도 전에 친구 아기의 생일 파티에 들러서 선물을 전달하고, 레시피를 위해서 구하기 힘든 재료들을 찾아 뛰어다녀야 했다. 심지어 라즈베리는 파는 것이 없어서 정원에서 직접 따야 했다.

카리는 맛있는 음식을 만들리라 다짐하며 거창한 계획 세웠지만 준비 과정은 녹록지 않았다. 정신적으로 스트레스를 받고 몹시 지쳤다. 그러나 그게 끝이 아니었다. 사용할 예정이었던 아이스크림 기계마저 고장나 버렸다.

다음 날 아침 그는 페이스북에 다음과 같은 글을 남겼다.

"얘들아, 나 어제 정말 큰 실수를 했어. 다른 사람들에게 맛있는 음식을 대접하고자 하는 마음이 너무 지나쳤나 봐. 내 실수

---

* potluck party: 참석자들이 각자가 원하는 음식과 술을 가져와 즐기는 파티.

가 나를 더 힘들게 하네. 어젯밤 동네에서 포틀럭 파티를 했는데 직접 집에서 재배한 라즈베리로 아이스크림 3킬로그램과 루트비어* 5킬로그램을 만들려고 했어. 루트비어를 만드는 건 어려운 일이 아니지만 재료들(루트비어 추출물, 드라이아이스 등)을 얻는 데 시간이 걸렸어. 게다가 파티를 빛내기 위해 고기 요리도 준비했거든. 갈비 요리를 했으니 시간이 얼마나 걸렸을지 생각해 봐. 거기에 사업 2개를 운영하면서, 집에는 어린 아이들도 있고. 여하튼 나는 음식을 만들고 사람들에게 베푸는 걸 좋아하지만 이제 자제가 필요할 듯해. 농담이 아니라 다음에는 소소한 음식으로 준비하려고. 이제 낮잠 좀 자러 갈게."

카리의 삶 : 레드 존 ○○●

"나는 완벽해야 한다."

* root beer: 식물 뿌리나 과일의 추출물로 만드는 음료.

다음은 레드 존에서 카리가 습관적으로 하는 말이다.

- "시간이 조금 더 걸릴 뿐이야."
- "난 그저 모든 사람이 잘 되기를 바랐어."
- "난 나 자신을 주체할 수가 없어."
- "미안해. 시간이 없어서…."
- "물론 난 할 수 있어."

아래는 레드 존에서 카리의 내면에 숨어 있는 감정이다. 당신이 공감하는 것들이 있다면 표시해 보자.

- 의도만큼은 순수하다.
- 과하게 비용을 지불한다.
- 일거리가 끊이지 않는다.
- 기진맥진하다.

- 만족스럽지 않다.
- 불안하다.
- 늘 노력하고 있다.
- 어딘가 미안하다.

당신이 카리와 같은 사람이라면?   ○○●

- 극단적인 상황으로 내몰린다. 완벽은 환상이다. 그러나 당신은 여전히 사람, 장소, 환경에서 완벽을 추구한다. 세상과 공유할 이미지를 끊임없이 탐색하고 있는 스스로를 돌

아보자.

○ 지금 이 순간을 온전히 즐기지 못한다. 파티를 준비하는
동안 모든 일을 제대로 할 수 있을지 불안으로 가득 차 있
다. 파티가 끝나고 나서는 하고 싶었던 일에 대한 아쉬움으
로 가득하다. 당연히 당신은 파티 자체를 즐기지 못한 것을
후회할 것이다. 그 순간은 다시는 오지 않는다는 것을 알기
때문이다.

○ 중요하지 않은 일에 시간을 낭비한다. '완벽'이란 관계에
있어서 불필요한 부담을 가중시키고 비현실적인 기대를 낳
게 한다. 이 모든 것은 당신을 더 지치게 하고 당신은 결국
가까운 사람들을 배려할 수 없게 된다.

○ 당신의 아이들은 모든 사람과 모든 사물에 집중하는 법을
배운다. 카리는 모든 사람의 요구를 만족시키기 위해 노력
했다. 만일 당신에게 아이가 있다면, 아이들은 당신의 내면
을 무의식적으로 받아들이며 닮아갈 것이다.

○ 주변 사람들에게 완벽을 강요하고 있는 것은 아닌가? 당신
도 모르게 직장과 가정에서 모든 일을 완벽하게 해야 한다
는 관점을 사람들에게 강요하고 있는 것은 아닐까?

"나는 완벽하지 않아도 괜찮다."

다음은 카리가 그린 존에 있을 때 하는 말이다.

- "전부 다 하면 좋겠지만, 당장은 안 됩니다."
- "모든 것이 잘 되고 있습니다."
- "저는 이미 충분히 해냈어요."
- "이번에는 나 자신을 살펴볼게요."
- 침묵 - 더 이상 할 말이 없음.

다음은 그린 존에 있는 카리의 내면에서 방출되는 에너지다.

- 평화로움
- 고요함
- 깊은 지혜와 이해
- 신선한 공기와 차분한 호흡
- 현실을 받아들임
- '무언가를 하는 것'에서 '나 자신이 즐기는 것'으로 변화함
- 더 이상 증명하려 하지 않음

뒷 이야기 : 카리와의 대화 ○ ○ ●

Q. 언제 페이스북에 이 이야기를 포스팅해야겠다고 생각했나요?

A. 파티 도중에 우두커니 주저앉아 있을 때 결심했어요. 파티장에서는 저만 빼고 모두들 즐거운 시간을 보내고 있었죠. 저는 아이스크림이 녹아서 당황했는데, 사람들은 아이스크림을 실제로 먹어 보지도 않고서 저를 칭찬해 줬어요. 다음 날 아침 지치고, 아프고, 기분이 언짢은 저를 보면서 깨달았습니다. 다른 사람에게 봉사하고 싶은 마음은 저의 이기적인 생각일 뿐이라고요.

Q. 완벽함을 추구하려는 무의식적인 고정 마인드셋이 당신의 행동에 영향을 미쳤다고 생각하나요?

A. 저는 스스로 완벽주의자라고 생각하지 않아요. 너무 부족한 부분이 많거든요. 저는 완벽하려는 강박이 일으키는 문제점을 잘 알아요. 그래서 무슨 일을 할 때에도 완벽할 필요가 없다고 스스로를 다독였죠. 그런데도 완벽주의자들을 만날 때마다 매번 그들이 가지고 있는 능력에 감탄했어요. 완벽주의가 상황에 따라 다르게 비춰질 수 있다는 걸 몰랐거든요.

Q. 이번 경험을 통해 얻은 것은 무엇인가요?

A. 다음 파티에서는 음식을 직접 준비하지 않고 준비된 것을 먹을 거예요.

#완벽하지_않을_용기 #무리하지_않기

로고의 의미

하트 모양을 프리즘이라고 생각해 보자. 프리즘은 이미지 메이킹 과정을 통해서 동일한 사물을 다양한 관점에서 볼 수 있는 기회를 제공한다. 밝게 빛나는 다이아몬드를 예시로 든다면, 여러 각도로 각진 다이아몬드는 빛에 비췄을 때 다양한 색상으로 나타난다. 그 스펙트럼은 꽤 멋진 완전함을 자랑하며 볼 때마다 새로움을 느낄 수 있다. 설령 빛이 비치지 않는다고 해서 색이 없는 것은 아니다. 단지 일시적으로 빛이 희미해지는 것 뿐이다. 마음속 깊은 곳에는 나만의 빛이 항상 있고, 빛은 길을 비출 준비가 되어 있다.

정리 노트 　　　　　　　　　　　○ ○ ●

명심해야 할 사실

○ 완벽은 환상이다.

○ "이것이 정말 필요한 일인가?"라는 질문을 가지고 잠시
멈춰서 충분한 시간을 가져야 한다.

○ 나는 나일 뿐이다. 왜 다른 사람이 되려 하는가?

○ 오늘, 나는 꽤 괜찮았다.

○ 세상은 나를 필요로 한다.

힘이 되는 노래

○ 인디아 아리India.Arie - Strength, Courage & Wisdom

○ 아레사 프랭클린Aretha Franklin - A Rose Is Still a Rose

○ 자넬 모네Janelle Monáe - Q.U.E.E.N.

○ 크리스티나 아길레라Cristina Aguilera - Beautiful

○ 레이디 가가Lady Gaga - Born This Way

활력소가 되는 영화와 책

○ 《불완전함의 선물The Gifts of Imperfection》, 브레네 브라운
Brené Brown 저

○ 〈모아나Moana〉

○ 《와일드: 이것은 누구나의 삶이자 기록이다Wild: A Journey

from Lost to Found》, 셰릴 스트레이드Cheryl Strayed 저

- 《궁극적인 위험The Ultimate Risk》, 타라 로빈슨Tara L. Robinson 저

치유에 도움이 되는 것들

- 영리빙Young Living의 '피스 앤드 카밍 오일Peace and Calming oil'은 스트레스를 받을 때 유용하다.
- 또한 '피스 앤드 카밍 오일' 브랜드의 라벤더, 로마 카모마일, 장미, 일랑일랑, 삼나무 등과 함께 쓰면 더 좋다. 도테라DoTERRA의 세레니티 오일도 좋다.
- 목련나무 껍질은 불안감을 줄여 준다.
- 꽃 추출물: 노랑 데이지 – '나는 나일 뿐이다'라는 꽃말을 지니고 있다.

✦ 카리의 이야기를 읽으면서 무엇이 인상적이었는가? 완벽에 대한 기대
가 언제부터 당신을 가로막았는가? 완벽해야 한다는 불안함은 어떻게
나타났는가?

_____

_____

_____

_____

✦ 완벽하고자 했던 과정에서 발생한 의도치 않은 결과가 있었는가?

_____

_____

_____

_____

✦ 당신은 '완벽하지 않아도 괜찮다'라는 말을 어떻게 생각하는가?

_____

_____

_____

_____

타인에게 인정받고 싶은 당신,
자신에게 시간을 투자하라

활기차고 씩씩한 라니는 창의적이고 야망이 있으면서 생각이 깊은 직원이다. 라니는 명문 경영대학원에서 MBA를 취득했고(3만 5천 명의 학생이 재학 중인 대학의 학생회 부회장이면서 학업 성적도 최고였다), 의료 업계에서 책임자의 위치에 올라 있다.

라니는 엄청난 에너지를 소유하고 있다. 더 놀라운 사실은 자신과 똑같이 에너지가 넘쳐나는 9개월짜리 아이를 두고 있다는 것이다. 하지만 라니는 에너지를 잘못 사용하고 있었다. 그의 일처리 속도는 빠르지만 구체적인 방향과 요령은 아직 미흡했다. 대신 자신의 위치에서 할 수 있는 모든 일을 하고 있었다. 라니의 친한 동료가 "저는 라니가 모든 요청사항을 다 받아들일 필요는 없다고 생각해요"라고 말할 정도였다.

그가 상사들에게 받은 평가는 다음과 같았다. "라니는 자신의 에너지를 잘 활용할 필요가 있다. 열정적이지만, 지나칠 때도 있다. 적당한 때를 기다리는 방법을 배울 필요가 있으나 그것을 매우 어려워한다".

재미있는 것은 라니에 대한 추가적인 평가들이다. "라니는 임원으로 승진하기 쉽지 않을 것으로 보인다". 여기까지는 크게 특별할 것이 없다. 하지만 다음에 이어지는 말을 보자. "자녀가 자라면 업무에 많은 시간을 할애할 수 없기 때문이다".

과연 다른 아이를 키우고 있는 초보 부모들도 이와 비슷한 평가를 받을까? 라니를 보면 이런 말이 떠오른다. '우리가 스스로의 사고방식을 고치더라도 다른 사람들은 여전히 고정 관념을 갖고 우리를 판단한다'.

그러나 고위 임원들은 라니에게서 많은 가능성을 보았다. 그들은 다른 이들에게 동기를 부여하는 능력, 배움에 대한 열린 자세, 어려운 일을 해결하는 데 필요한 일들을 기꺼이 해내는 라니의 의지를 높이 사고 있었다. "라니는 회사에 긍정적인 기여를 하고 있습니다. 우리는 라니와 함께 오랜 시간을 함께하려고 합니다."

하지만, 그런 노력과 성과만으로 조직에서 계속 버텨 낼 수 있을까?

몇 년 전, 라니는 본사에서 1억 달러 규모의 계약을 진행하는 팀에서 일했다. 그는 팀 내에서 새로운 거래처 계약에 중요한 평가 기준이었던 창의력 항목에 큰 기여를 했다. 팀장은 라니에게 말했다. "이 거래는 우리의 주요 고객들에게 좋은 평가를 받을 기회니까 특히 신경써야 해!" 마감일까지 프로젝트 목표를 달성하라는 압박이 더해져서 팀원 모두가 시간과 아이디어에 쫓겼다.

라니가 속해 있는 팀은 아침 일찍부터 일을 시작했다. 정오가 되자 라니 옆에 앉아 있던 남자 매니저가 말했다. "점심시간이에요, 여러분. 밥 먹고 합시다."

이 말이 끝나기가 무섭게 라니는 본능적으로 벌떡 일어나 전체 팀원들의 점심 주문을 받기 시작했다. 그는 그날을 분명히 기억한다. 절대 잊지 못한 교훈을 얻은 날이었다. "저는 팀원들의 점심을 책임지기 위해 음식점을 향해 운전하면서 내내 울었어요." 라니는 울먹였다. "팀원들의 점심은 내내 제가 책임져야 했거든요. 저는 믿기지가 않았어요. 업무시간 내내 힘든 일을 하고 결국 돌아오는 거라곤 점심 밥을 찾으러 가는 일이라니. 정말 끔찍하고 서러웠다니까요."

라니의 마음은 복잡했다. 그는 팀에서 자신이 기여했던 가치를 생각해 보았다. 라니의 머릿속에서 맴도는 생각은 점점 더 부정적으로 변해 가기 시작했다. 머리를 식힐 겸 휴가를 갔다 온 것도 전혀 도움이 되지 않았다. 그는 혹여 자신이 부재 중일 때 조직이 자신을 필요로 하지는 않았는지 궁금했다. 아마도 그가 실제로 팀에 기여한 가치는 그의 생각만큼 크지 않았을 것이다. 어쩌면 자신이 생각했던 것보다 가치가 없었을지도 모른다. 며칠 동안 라니는 '점심 셔틀'이 되지 않기 위해, 자신이 이뤘던 일들을 생각하며 스스로를 괴롭혔다. 무기력했다. 가족들에게도 무심해졌다. 그러나 라니는 가족과의 시간 속에서 자신이 가족에게 소중한 존재라는 것을 깨닫기 시작했다. 왜 그동안 먼저 누군가에게 점심을 부탁할 생각을 하지 못했는지, 스스로가 그 모든 짐을 끌어 안았던 건지 비로소 의문이 들었다.

　1년이 지났다. 그는 같은 회사에서 또 다른 계약을 준비하고 있었다. 라니는 1년 전 "밥 먹고 하자"고 했던 매니저와 같은 일하고 있었다. 그리고 그는 또다시 라니 옆에 앉았다. 라니는 모두가 고개를 끄덕일 만한 멋진 비즈니스 아이디어를 제안했다. 매니저가 라니에게 아주 훌륭하다고 칭찬하자, 라니는 재빠르게 응수했다. "감사합니다. 저는 사실 점심을 배달하는 것보다 이런 일에 더 자신이 있어요." 그 말에 당황한 매니저는 라니에게 무슨 뜻이냐고 물었다. 라니는 1년 전에 있었던 점심 배달 사건에 대해 이야기했다. 그러자 매니저는 웃으면서 말했다. "라니, 그때 나는 그저 배가 고팠을 뿐이고 누군가가 점심을 가지고 오길 바랐을 뿐이에요. 당신에게 가져와 달라는 말은 아니었어요."

라니의 삶 : 레드 존

"나는 모든 사람을 만족시켜야만 한다."

라니가 레드 존에서 습관적으로 하는 말은 다음과 같다.

- "내가 할게."
- "내가 할 수 있어. 아무 문제없어."
- "내가 할 수 있어서 기뻐."
- "할 일이 많기는 하지만, 더 해도 문제없어."
- "다른 사람들이 더 쉽게 일할 수 있게 노력하는 중이야."

아래는 레드 존에서 라니의 내면에 숨어 있는 감정이다. 공감되는 것이 있다면 표시해 보자.

- 압박감을 느낀다.
- 완벽하고자 하는 습관이 있다.
- 바쁜 것은 정신을 산만하게 한다.
- 이용당한다.
- 피해 의식이 있다.
- 때때로 화가 난다.
- 무력하다.

당신이 라니와 같은 사람이라면?　　　○ ○ ●

◦ 스스로를 지치게 만든다. 늘 다른 사람을 먼저 배려해야
할까? 아니다. 어깨를 짓누르는 책임감은 대부분 스스로가
만든 것이다. 굳이 다른 사람을 위해 일할 필요는 없다.

◦ 억울함은 시간이 지나면서 쌓여간다. 결과는 뻔하다. 당신
은 결국 폭발하거나 무너질 것이다. 정서적·신체적으로 질
병을 앓고 삶에 무관심해질 것이다. 천천히 당신이 왜 이렇
게 되었는지 되뇌어 보자. 인생은 가끔 바쁠 때가 있지만
그 상태가 영원히 지속되지는 않는다. 자신만의 방식으로
조절하지 않는다면 삶은 계속 무의미하게 바쁠 것이다.

◦ 다른 사람들의 책임을 빼앗는다. 다른 사람이 나에게 의
존하도록 만드는 것은 그 사람에게서 무언가를 배울 수 있
는 기회를 뺏는 것이다. 장기적으로 남을 지나치게 배려하
는 것은 도움이 되기보다 해를 끼친다.

◦ 동료들에게 잘못된 것에 집중하라고 강요한다. 당신은 무
의식적으로 직원들에게 모든 것을 당신에게 맡기라는 메시
지를 보내고 있으며, 새로운 세대들에게 끝없는 악순환의
길로 안내하고 있다. 한 가지 좋은 소식은 당신이 그 악순

환을 멈출 수 있다는 것이다.

° 직원들에게 절대로 독립적으로 행동하지 말라고 가르친
다. 혹시 본인의 팀원들에게 지나친 기대를 떠안기지 않았
는가? 팀원들이 잠재력을 발휘할 기회를 없애고 있는 것은
아닌가?

라니의 삶: 그린 존 ○○●

"나는 내가 원하는 방향을 찾을 수 있다."

다음은 라니가 그린 존에 있을 때 하는 말이다.

° "요청한 사항은 기꺼이 하겠습니다. 하지만 우선 순위에
대해 논의해 보시죠."
° "이건 스케줄상 할 수 없을 것 같지만, 다른 건 할 수 있
을 것 같네요."
° "제가 도움이 될 수 있는 최선의 방법을 말씀드릴게요."
° "저를 생각해 주신 것은 감사합니다만, 제 일정상 할 수
없을 것 같아요."
° "나중에 제가 도와드릴 수 있길 바라요."

다음은 그린 존에 있는 라니의 내면에서 방출되는 에너지다.

- 권한
- 강함
- 명확함

- 평화로움
- 승리감
- 존경심

라니의 경우처럼, 리더들은 부하 직원들을 레드 존에 두는 경우가 많다. 직원들을 조직의 입장에서 편리한 방법으로 다루고 싶은 욕심 때문이다. 그들은 조직이 일시적으로 직원들을 어린 아이로 만들고 있다는 사실을 망각하고 있다. 아이들을 위해 지나치게 많은 일을 해야 한다는 강박은 아이들은 물론 우리 자신, 사회 등 어느 누구에게도 도움이 되지 않는다. 여러분 스스로와 솔직하게 대화를 나누어 보면 어떨까? 여러분의 행복이 카리와 라니처럼 레드 존의 인질에 사로잡혀 있지는 않은지 되뇌어 보자. 여러분에게는 다른 현실을 선택할 수 있는 힘이 있다.

뒷 이야기: 라니와의 대화 ○○●

Q. 당신의 가장 큰 문제가 '거절하지 못하는 강박'이라는 것을 깨달았을 때 어땠나요?

A. 정말 깜짝 놀랐어요. 저는 어느 순간 모든 사람의 부탁을 들어주고 싶은 마음과 싸우고 있더라구요.

Q. 라니 씨는 그날 이후 소중한 시간과 비용을 스스로를 위해 투자하셨잖아요. 그리고 그 투자는 직장에서 성공으로 이어졌죠. 그럴만한 가치가 있었다고 생각하시나요?

A. 물론이에요. 생각을 많이 바꿨죠. 가정이 생기고 나니 저 자신을 우선 순위에 둔다는 것이 얼마나 어려운지를 깨달았어요. 직장에 출근하기 전 아이의 기저귀를 살펴보는 건 문제가 없었지만 제 머리를 정돈하는 일은 하지 못했거든요. 외모는 인생에서 극히 일부분이라고 생각했어요. 당시에는 제 외모가 다른 사람들에게 영향을 미칠 수 있는 능력 중 하나라는 것을 몰랐던 거예요.

저는 패션의 선두주자는 아니었기 때문에 외모에 대해서 누군가의 도움을 받고 싶었어요. 그래서 아름다운 옷과 보석을 빌려주는 서비스를 찾았고 선택을 고민하지 않았죠. 이제 제법 비즈니스 전문가다워진 것 같아요. 재정적인 부담은 걱정 없습니다. 그리고 전문적인 인상에 도움이 되지 않을까 해서 머리카락도 잘랐어요. 그렇게 신뢰받는 인재들이 가지고 있는 장점들을 흡수해서 제 영향력이 커지는 것을 보고 정말 놀랐어요. 점차 다양한 분야에서 저에게 투자하기 시작했고 결국 제가 그토록 원하던 승진을 하게 되었죠. 제 연봉은 30%나 올랐고요. 이미 높은 연봉을 받고 있었던 것을 고려하면 꽤 많지 않나요? 작은 생각의 변화가 정말로 큰 영향을 준답니다.

Q. 당신이 얻은 교훈들을 생각해 볼 때 다른 이들에게 어떤 조언을 주고 싶나요?

A. 우선, 과도하게 반응하지 않도록 의식적으로 노력하세요. 우리의 문제는 실제 상황보다 더 큰 리액션을 한다는 거예요. 둘째, 스스로와 커리어에 투자하세요. 즉 당신을 위해 사소한 일을 처리해 줄 사람들을 고용하는 거죠. 그리고 남은 시간을 당신의 커리어, 가족, 당신만을 위해 투자하세요. 우리에게는 한 주에 168시간이 주어져요. 당신이 그중 60시간을 일하고, 56시간을 자는 데 쓴다고 하더라도 여전히 52시간을 사용할 수 있죠. 하지 말아야 할 일을 목록으로 작성하고 가치 없는 일은 하지 마세요.

마지막으로 어떻게 목표를 이룰 것인지 계획을 세워 보세요. 저는 너무 지쳐서 아이들에게 매일 밤 책을 읽어 줄 수가 없었어요. 매일 밤 책을 읽어 준다는 것은 거의 달성하기 힘든 목표였죠. 하지만 지금 제가 밤에 가장 좋아하는 일 중 하나는 아이들에게 책을 읽어 주는 겁니다. 저는 달성 목표를 바꿨어요. 이제 제 목표는 아이들에게 일주일에 책 14권을 읽어 주는 거예요. 만약 밤에 읽어 주지 못하면 아침이나 주말에 읽어 줍니다.

#타인의_시선에_맞추지_않을_것 #나의_삶을_살기

로고의 의미

다이아몬드는 프리즘이며 삶의 다양한 면을 보기 위한 초대장이
기도 하다. 다이아몬드의 색깔과 선을 생각해 보자. 글자를 가져
와서 분석하고 이름의 의미를 찾아보자. 마지막으로 다이아몬드
가 자연에서 어떻게 형성되는지 되새겨 보자. 당신은 마음속에
어떤 보물들을 가지고 있는가?

정리 노트 ○○●

명심해야 할 사실

○ 나는 타인을 위해야 할 책임이 없다.
○ 스스로를 돌보는 것은 타인의 의무가 아니다.
○ 나를 잘 관리하는 것이 다른 사람을 잘 관리하는 것이다.
○ 나의 긍정은 상대방을 위한 선물이다. 선물을 줄 적절한
  타이밍을 찾아라.

- 하는 일이 없어도 괜찮다.

힘이 되는 노래

- 크리스틴 체노웨스 & 이디나 멘젤Kristin Chenoweth & Idina Menzel – Defying Gravity from Wicked
- 메건 트레이너Meghan Trainor – No
- 질 스콧Jill Scott – Golden
- 레슬리 고어Lesley Gore – You Don't Own Me

활력소가 되는 영화와 책

- 〈악마는 프라다를 입는다The Devil Wears Prada〉
- 〈모나리자 스마일Mona Lisa Smile〉
- 〈노마 레이Norma Rae〉

치유에 도움이 되는 것들

- 영리빙의 일랑일랑 오일 – 심장 부위에 바르는 이 오일은 안정감을 느끼는 데 도움을 준다.
- 유리 스프레이 병에 바다 소금 또는 암염 1g을 넣고 증류수를 넣는다. 이것을 잘 섞은 후 몇 분 동안 놔둔 다음, 라벤더 15~20방울, 레몬과 페퍼민트 5~8방울을 첨가하여 사용한다.
- 로만 카모마일 – 진정 및 정화에 도움을 준다.

- 꽃 추출물: 카렌둘라 – 절망, 슬픔, 걱정과 마음의 고통을 덜어 준다.
- 꽃 추출물: 글라디올라스 – 현재의 중요성을 인식하고 무언가를 주고 받을 힘이 생긴다.

돌아보기

✦ 당신은 '모든 사람을 만족시켜야만 한다'는 레드 존에 갇힌 적이 있는 가? 직장에서 겪었던 적은 없는가?

✦ 라니처럼 시키는 일만 하다가 나중에야 자신에게 다른 선택권이 있다 는 것을 깨달은 적이 있는가?

✦ 어느 날, 내가 할 수 있는 일을 찾기 위해 나의 길을 걷는다면 다른 사 람들의 반응은 어떨까?

타인에게 휘둘리지 않는 멘탈 관리

스스로에게 확신이 부족한 당신,
자신을 우선시하라

가브리엘라는 커리어 전환기에 있었다. 그는 48세였고 몇 년 전에 갑자기 실직하는 바람에 많이 괴로웠다. 가브리엘라는 성공적으로 팀장 역할을 할 수 있었지만, 업무에 필수적인 공학 학위를 가진 유일한 사람이었음에도 불구하고 구조 조정의 대상이 되었다. 혹시 여성이었기 때문이었을까? 아니면, 흑인이었기 때문이었을까? 고용주들은 그렇지 않다고 말했다. "자신만의 경쟁력이 없기 때문이에요. 다른 사람들에게 배려하는 것은 좋지만, 윗사람들은 수동적인 태도를 좋아하지 않아요."

상실감은 그를 끝없는 터널 속에 가둬 놓았다. 6년을 그 회사에 헌신했지만, 결국 돌아온 것은 해고였다. 가브리엘라는 그들이 시키는 대로 성실하게 일해 왔다고 믿고 있었다. 직장에서 성공하기 위한 전략은 어디에서 배워야 하는 걸까? 열정에 먹구름이 드리워졌다. 직장에서 해고되는 아픈 경험은 마음속에 허탈함과 무기력이라는 씨앗을 심었다. 그후 그는 매 순간마다 자신을 의심하게 되었다.

지난 10년간 가브리엘라의 커리어는 마치 롤러코스터처럼 기복이 심했다. 멘토들은 한결같이 인맥을 잘 쌓으라며 인적 네트워크에 대한 중요성을 강조했다. 그렇게 혹독한 시기를 견뎌내고 몰래 눈물을 흘리면서 체중은 20킬로그램 넘게 늘었다. 가브리엘라는 직업적인 성공이 정말 그럴 만한 가치가 있는지에 대해 심각한 의문을 품었다. 매일을 겨우겨우 버텨 내는 나날이었다. 그 시기에 가브리엘라는 두 명의 아이를 낳았고, 인생의 우선 순위는 그를 다른 방향으로 끌어당기고 있었다. 힘든 상황 속에서 그는 앞으로 펼쳐질 일이 쉽지 않을 것이라고 짐작했다.

2013년, 가브리엘라는 우먼스 네트워크Women's Network가 후원하는 워크숍에 참석해서 커리어를 주도적으로 쌓아 가는 방법을 듣게 되었다. 워크숍 콘텐츠의 내용은 그에게 진심으로 와닿는 이야기였으며, 혼자서도 할 수 있는 일들이었다. 그는 천천히 변화를 만들어 가기 시작했다. 그 변화들 중 하나는 자신에게 에너지를 투자하는 것이었다. 그는 세련되어 보이고 싶었다. 자신감을 다시 회복하고 싶었다. 언제까지고 자신보다 타인을 우선시할 수는 없었다.

2016년, 가브리엘라는 내가 참석한 워크숍 행사에 참여했다. 고정 마인드셋을 타파하고 변화하는 방법을 배우는 '리더십 함양' 세션이었다. 스스로는 인지하지 못하고 있었지만, 가브리엘라는 지난 몇 년 동안 자신을 억누르고 있던 내면의 사고방식을 바꿀 준비를 하고 있었던 것이다.

강의가 끝난 후 그는 나를 찾아왔다. 그리고 자신이 직장에서 싸우고 있는 내면적 문제를 토로했다. 자신이 얼마나 정체되어 있는 기분이었는지, 그리고 그런 감정이 스스로에게 어떠한 가치가 있는 것인지 물었다. "선생님, 저는 제가 직장 생활을 잘할 수 있을지 모르겠어요. 직장 내 인간 관계를 위해 제가 어떻게 해야 할지 조언해 주실 수 있나요? 직장에서 동료들과 좋은 관계를 형성하는 게 자신이 없어요." 가브리엘라가 얼마나 피곤하고, 지쳤고, 의욕이 없는지는 한 순간의 대화로도 알 수 있었다. 그는 재능이 많았지만 자신도 모르게 고정 마인드셋에 사로잡혀 철창 안에 자신을 가두고 있었다. 가브리엘라는 무슨 이유로 다른 사람의 선택에 기대는 걸까? 나는 궁금했다. 내면에 사자의 힘을 가지고 있으면서도 왜 고양이처럼 행동하는 걸까?

"가브리엘라, 혹시 당신 스스로를 바꿀 필요가 있다는 생각을 해 본 적 있으세요? 당신이 회사의 조직문화를 바꿀 수 있다는 생각은 왜 하지 않나요? 환경이 당신을 규정 짓게 하지 마세요. 당신 내면에는 조직문화를 바꿀 수 있는 놀라운 힘이 있어요."

그 순간, 가브리엘라는 지난 날들을 돌아보기 시작했다. 그는 자신이 회사 내부의 권력 관계에 개입할 필요가 없다는 것을 깨달았다. 드디어 스스로의 행동을 되돌아 보게 된 것이다. 가브리엘라는 "그 말을 듣는 순간, 마치 머리를 한 대 얻어맞은 것 같았어요"라고 말했다. 다시 찾은 자신감 덕분에 그는 자신의 능력을 펼칠 수 있게 되었다. 가브리엘라는 다른 사람들과는 다르게 상황을 새로운 시각으로 바라보는 뛰어난 통찰력으로 문제를 해결했다. 회사는 가브리엘라의 활약으로 약 천만 달러를 절약할 수 있었다.

"하고 싶은 일을 잘할 수 있다는 자신감을 얻었어요. 회사의 방침과 맞지 않더라도 회사에서 암묵적으로 인정하고 있는 차별에 관심을 기울이기 시작했죠. 공정하고 공평하게 일했어요."

앞으로의 포부에 대해 묻자 가브리엘라는 과감하게 대답했다. "경영진의 일원으로 성장하고 싶어요. 저에게 요구하는 역량이 무엇인지는 아직 정확하게 알 수 없지만, 저의 능력은 회사에서 요구하는 역량에 합당할 것이라 확신합니다. 거만하게 느껴졌다면 죄송해요. 하지만 지금 비즈니스계는 확실히 변화하고 있어요. 회사는 이제부터라도 역량 있는 젊은 리더에게 과감히 투자해야 한다고 생각합니다."

놀랍게도 회사 고위층은 가브리엘라의 생각에 동의했고, 상황은 빠르게 바뀌었다. 전 세계 동료들에게서 러브콜을 받았고 사업은 경영진의 기대 이상으로 빠르게 성장했다. 그는 정말 행복한 시간을 보내고 있다. 그 자신감 넘치는 에너지는 안에서 밖으로 발산되고 있었다.

회사에서 가브리엘라를 바라보는 시각은 확 달라졌다. 그가 자신의 고정 마인드셋을 바꾼 지 채 1년도 되지 않은 시간 동안에 벌어진 일이다. 사실 1년도 필요 없었다. 가브리엘라에게는 처음부터 조직을 바꿀 힘이 있었기 때문이다.

가브리엘라의 삶 : 레드 존   ○ ○ ●

"나는 타인의 결정에 따르는 것이 편하다."

가브리엘라가 레드 존에 있을 때 습관적으로 하는 말은 다음과 같다.

- "이미 노력하고 있어."
- "내가 잘할 수 있을지 잘 모르겠어."
- "이 자리는 내가 있을 곳이 아닌 것 같아."
- "기다리는 데 너무 지쳤어."
- "기다리다 보면 변화가 일어나지 않을까?"

아래는 레드 존에서 가브리엘라의 내면에 숨어 있는 생각들이다. 공감되는 것들이 있으면 표시해 보자.

- 무력하다.
- 틀에 갇혀 있다.
- 의구심이 든다.
- 통제당하고 있다.
- 불확실한 것 투성이다.
- 판단이 불가능하다.
- 죄책감이 든다.
- 마음이 약해졌다.
- 자주 화가 나며 주변에 무관심하다.

당신이 가브리엘라와 같은 사람이라면?   ○○●

- 무력감은 천천히 생기기 때문에 당장은 깨닫지 못한다. 당신은 항상 상황이 달라지기를 바란다. 무엇이 잘못되었는지 파악하지 못하며 스스로에게 의문을 제기하는 경향이 있다. 이 같은 자괴감은 첫 번째 이야기에서 카리가 완벽함을 추구했을 때의 마음과 같다.

- 분노는 시간이 지날수록 커진다. 원망은 예상치 못한 곳에서 커지며 자신을 포함한 모든 이를 휘말리게 한다. 직장에서 느끼는 불행은 종종 개인적인 삶으로 번져 간다. 그 반대도 마찬가지다. 에너지가 고갈되며, 어느 순간 삶에 대

한 열정을 잃은 자신의 모습에 한탄한다.

◦ 동료들에게 기다리라고 다그친다. 당신은 동료들에게 새로운 일이 들어오면 관련 권한을 승인해 줄 사람을 찾으라고 다그친다. 자세한 설명 없이 그저 두리뭉술하게 '일이 진행되는 방식'이라고 알려 줄 뿐이다. 시간이 지나면서 동료들은 업무에 어려움을 느끼며 무력감에 빠진다.

◦ 동료들에게 자신의 결정을 믿지 말라고 속삭인다. 당신은 무의식적으로 자신의 의견보다 타인의 의견이 더 중요하다는 메시지를 보낸다.

◦ 동료들은 누군가의 허락이나 승인을 기다리는 동안 일에 대한 고정 관념이 생긴다. 동료들은 조직 안에서 권력에 기인한 일처리 방식에 익숙해진다. 내 팀, 다른 팀 모두를 소중히 여기며 일하는 방법을 모른 채 오로지 자신만의 방식을 통해서 가치관이 변할 수 있을까?

가브리엘라의 삶: 그린 존   ○○●

"나는 확신을 가지고 나아갈 수 있다."

다음은 가브리엘라가 그린 존에 있을 때 하는 말이다.

- "제가 무엇을 기다리고 있는지 모르겠어요."
- "저는 제가 할 일을 잘 알고 있어요."
- "이제 더 이상 밖에서 답을 찾을 필요가 없어요."
- "제 자신감은 흔들리지 않아요."
- "다른 미래가 펼쳐졌으면 좋겠어요."

다음은 그린 존에 있는 가브리엘라의 내면에서 방출되는 에너지다.

- 자유
- 용감함
- 자신에 대한 사랑
- 충만한 가치
- 권한
- 에너지
- 열정
- 가능성
- 확고함
- 목적 의식

뒷 이야기: 가브리엘라와의 대화   ○ ○ ●

Q. 당신을 가로막는 가장 큰 장애물이 바로 고정 마인드셋이
   라는 것을 깨달았을 때 기분이 어땠나요? 당신이 타인의

결정에 기대고 있다는 것을 스스로 알고 있었나요?

A. 제가 다른 사람의 선택에 의지하고 있는 줄은 몰랐는데, 이제 생각해 보니 모든 상황이 이해가 되네요. 이전 직장에서 해고되었을 때의 자책감이 무의식적으로 제 고정 마인드셋이 되었어요. 저는 직장에서 어떻게 일해야 하고 어떻게 처신해야 하는지를 알고 싶었죠. 자신과 대화하는 습관은 성공에 매우 중요한 것 같아요. 일단 저와의 대화를 통해서 생각을 바꾸고 나니 정말로 상황이 바뀌기 시작했어요.

Q. 그 대화를 통해서 본인 안에 있는 힘을 느끼기 시작했을 때 어땠나요? 그리고 아직까지 자신의 늪 안에서 빠져나오지 못한 사람들에게 해 줄 말이 있을까요?

A. 그냥 편안하게 살기를 바란다면 아무것도 이루지 못할 거예요. 직장에서의 성공이나 전문성 강화 등 당신의 영향력을 키우기 위해 도전하세요. 당신은 그 누구보다도 잘할 수 있다는 것을 깨달아야 합니다. 만약 도전 정신이 없다면 지금부터 노력하세요. 자신의 가치를 깨달아야 비로소 앞으로 나아갈 수 있습니다. 당신이 꿈꿔 왔던 전문가가 되세요.

Q. 당신과 유사한 여정을 뒤따르고 있는 직장인들에게 어떤 격려의 말을 해 주실 수 있을까요?

A. 우리는 스스로의 가치를 앎으로써 세상에 새로운 빛을 비출 수 있습니다. 여러분 스스로가 전원을 켜기로 결심해야 비로소 전등이 켜지는 것처럼요. 일단 불이 켜지면 내면의 어둠을 밝힐 수 있어요. 당신이 경쟁에서 지고 있다고 느낄 때조차도 그 빛은 당신을 가장 큰 승리로 이끌어 줄 겁니다. 일단 저는 무엇이 나를 이끌고 있는지를 이해하고 나서야 스스로 지니고 있는 힘을 통해서 앞으로 걸어갈 수 있었답니다. 그 이후로는 한 번도 지난 길을 되돌아본 적이 없어요.

Q. 내면의 힘을 인지하고 이를 통해서 성공의 길을 걷고 있는 이야기를 들려주고 싶은 이유는 무엇인가요?

A. 사람들에게 스스로의 품위를 지키고, 자신의 역량을 키우면서 내면의 힘을 가져야 한다고 말하고 싶어요. 우리 부모님들은 당시 상황에 적응하면서 살아가는 것만으로도 충분했던 세대잖아요. 이제는 적응하는 것보다 '나 자신'이 되는 것이 더 중요하다는 것을 알았죠. 저는 사람들에게 부모님 세대처럼 행동할 필요가 없다고 조언해요. 자신만의 강점을 가져야 하고 그 강점은 시간이 지나면서 변한다는 것을 알아야 해요.

저는 지금 제 자녀들과 손주들을 위해서 일하고 있어요. 제 아이들이 자신의 진로를 선택할 때 자신의 강점을 발전시켜 줄 수 있는 네트워크를 만들고 싶어요. 그들이 고객을 만났을 때 어떻게 커뮤니케이션해야 하는지, 질문하는 방법과 소통 스킬은 어떻게 개선해야 되는지, 어떤 자세를 가지고 자신의 열정을 보여 줘야 하는지 알려 주고 싶어요. 저는 이런 지혜를 삶의 교훈으로 남겨서 가족들이 정신적, 감정적, 그리고 재정적으로 풍족해질 수 있기 바랍니다. 인생에서 어떤 일이 일어나든 자신 있게 앞으로 나아갈 수 있도록 말이에요.

#나를_바꾸는_진정한_힘 #환경이_나를_규정짓지_않도록

로고의 의미

양치식물의 교훈은 '신성한 질서'다. 양치류는 주어진 일을 할 때 타인의 의견이 필요하지 않다. 당신도 마찬가지다. 당신이 본질적으로 추구하는 목적은 당신의 마음 깊은 곳에 이미 뿌리내려 있다. 자라는 방법을 알려 주지 않아도 알아서 살아가는 꽃처럼, 당신도 마찬가지다. 당신의 책임은 태양, 물, 음식 등 살아가는 데 필요한 요소를 제공하는 것이며, 통제된 과정이 아니다. 가장 작은 잎까지 키워 내는 양치식물이 놀랍지 않은가? 당신도 신성한 질서의 경이로움을 받아들이길 바란다.

정리 노트 ○○●

명심해야 할 사실
- 나는 내 결정을 믿는다.
- 스스로가 가지고 있는 힘을 사용할 때 다른 사람의 양해를 구할 필요가 없다.
- 나는 내 방식에서 벗어나야 한다.
- 나는 결국 필요한 것을 이루었다.

힘이 되는 노래
- 비욘세Beyonce – Freedom
- 데미 로바토Demi Lovato – Confident
- 켈리 클락슨Kelly Clarkson – What Doesn't Kill You Stronger
- 휘트니 휴스턴Whitney Houston – Greatest Love of All
- 리타 오라Rita Ora – Grateful

활력소가 되는 영화와 책

- 〈에린 브로코비치Erin Brockovich〉
- 〈블랙Black〉
- 〈지. 아이. 제인G. I. Jane〉

치유에 도움이 되는 것들

- 영리빙의 벨러 오일 – 자신감과 용기를 북돋아 주며, 손 목이나 발등에 바르거나 디퓨저로도 이용할 수 있다.
- 프랑킨센스 나무 오일 – 감정을 균형 있게 하고 고양시 켜 준다. 건강한 세포 기능을 유지하도록 도와준다.
- 꽃 추출물: 아이리스 – 마음을 편안하게 해 주며, 상상력 을 펼치고 창조적인 생각을 이어 가는 데 도움이 된다.
- 보석: 문스톤 오일 – 내면의 조화를 이루고 직관을 강화 한다.

✦ 타인의 허락을 구하거나 승인을 얻기까지 스스로를 억압했던 적은 없는지
   생각해 보자. 이러한 습관이 당신의 삶에 어떠한 악영향을 끼쳤는가?

_____

_____

_____

_____

✦ 왜 자신의 결정을 믿지 않게 되었는가? 이런 사고방식이 언제부터 뿌리
   내렸는지 기억하는가?

_____

_____

_____

_____

✦ 내면의 힘을 발견하고 이를 활용해서 멋진 삶을 살기 위해 스스로에게
   어떠한 영감을 주었는가?

_____

_____

_____

_____

자신의 가치를 증명하기 어려운 당신,
억울함에서 탈출해라

다르샤는 강력한 리더십을 필요로 하는 글로벌 기업에서 일하고 있다. 글로벌 회사는 리더에게 감정 조절 능력, 총명함, 민첩성, 절제력을 요구하고, 최고를 향한 야망, 끊임없는 혁신, 끝없는 에너지도 가지고 있어야 한다. 다르샤는 이 모든 요구사항을 만족하고도 남는 역량을 가지고 있었다.

남부러울 것이 없어 보이지만, 그에게도 말 못할 사정이 있었다. "팀장님이 말하길, 회사 임원들이 제가 팀 리더 역할을 할 준비가 되어 있지 않다고 하더라고요. 저는 너무 당황했어요. 그래서 직장에 올인하고 있다는 것을 보여 주기 위해 제 가족들을 먼 거리로 따로 이사시켰죠. 이 이상 뭘 어떻게 해야 하나요?"

34세의 다르샤는 3명의 자녀를 둔 직장인으로서 가족의 생계를 책임지고 있었다. 서류상으로는 아무런 문제가 없었다. 다르샤는 소비자들에게 사랑받는 브랜드 회사에서 일했고, 그의 회사는 다양한 사업에서 크게 성장하면서 디지털 세계의 혁신을 일으키고 있었다. 비록 역사학 학사 학위는 디지털 분야에서 일하는 데에 큰 도움이 되지 않았지만 연구, 판매 및 오퍼레이션을 위한 끊임없는 노력과 학습은 그를 직장에서 성공적인 커리어로 이끌었다. 그는 5년 동안 승진 기회를 기다리며 자신의 일에 심혈을 기울였다. 그리고 드디어 기회가 왔다.

다르샤는 지리적으로 현재 위치와 정반대 방향에서 새로운 지점을 개설하는 프로젝트에 참여하게 되었다. 많은 고민과 설득 끝에 다르샤는 가족의 거주지를 이전하는 어려운 결정(곧 승진으로 이어질 것이라 가족과 약속했다)을 내렸다. 밝은 미래를 위한 큰 기대를 안고, 그들은 새로운 꿈을 향해 서쪽으로 향했다.

그러나 회사에서는 몇 달이 지나도록 승진에 대해 아무런 말이 없었다. 작은 기미조차 없었다. 밤낮 없이 열심히 일하고 고민한 시간과는 상관없이, 다르샤는 승진할 수 있을지 의구심이 들기 시작했다. 자신이 무엇을 하든 '팀의 리더'라는 역할에는 충분하지 않은 것처럼 느껴졌다. '괜히 예정에도 없는 승진을 위해 가족을 먼 곳까지 이사시킨 걸까? 내가 앞서 나간 것은 아닌가?' 다르샤는 조바심이 나기 시작했다.

그는 자신이 새롭게 합류한 프로젝트를 성공적으로 끝내면서 많이 성장했다고 믿었다. 그러나 승진 심사에서는 "당신은 아직 준비가 되지 않은 것 같다", "우리는 당신의 역량이 아직 임원 수준에 미치지 못한다고 생각한다"라는 대답만 돌아올 뿐이었다.

2017년 4월, 회사가 후원하는 국제리더포럼에 참석했을 때 다르샤의 마음속에는 좌절감이 가득했다. 그는 리더의 성공을 저해하는 사고방식에 관한 토론회에 참석하던 중 자신의 삶을 바꾸는 말을 듣게 되었다. 그 말은 바로 "중요한 마음가짐 중에 하나는, 억울함에 갇히지 않고 타인의 말을 받아들이는 것이다"였다. 다르샤는 순간 눈이 번쩍 뜨였다. "맞아요, 전 무력하게 그 회의장에 들어갔어요. 마치 피해자처럼요. 그런데 무엇인가가 제 머리를 세게 때리는 것 같았죠. 그리고 저는 제 인생을 다시 쓰겠다는 새로운 각오로 회의장을 나왔어요."

다르샤는 승진을 위하여 더 전략적으로 접근하기 시작했다. 새로운 프로젝트에서 자신이 이룩한 업적을 증명할 수 있도록 통계를 수집했다. 또한 그는 상사와 리더들에게 미팅을 요청했다. 그는 자신이 하고 있는 일에 확신을 가지고 있었다. 특히 1년 동안 현장에서 겪은 풍부한 경험을 바탕으로 성취한 모든 결과물에 초점을 맞추었다.

상사는 놀라워했다. "다르샤, 저는 당신이 이렇게 많은 경험을 가지고 있는 줄 몰랐어요. 왜 진작 말하지 않았어요?" 다르샤가 기대했던 포지션은 다른 사람에게 주어졌지만, 이내 또 다른 기회가 주어졌다. 그 기회는 다르샤의 실력을 보여 주는 계기가 되었고 지금까지 준비했던 자신의 역량을 증명할 수 있었다.

국제리더포럼이 끝난 후 4개월 뒤, 다르샤의 상사는 그를 사무실로 불러서 승진 소식을 전했다. "승진 서류를 전달하기 전에 자리에 앉아서 잠깐 이야기하면 좋을 것 같습니다."

다르샤는 믿을 수 없었다. 꿈만 같았다. "연봉이 이전에 생각했던 금액보다 66%나 올라 있었어요. 우리 가족들의 인생이 바뀌던 그 순간을 다른 말로 표현할 수가 없습니다. 먼 곳까지 이사한 보람이 있었어요. 4개월 전 국제리더포럼에서 강사가 말해 주었던 내용을 믿지 않았다면 이 기회를 놓쳤을지도 몰라요."

이 이야기를 들은 사람들은 모두 동의하며 고개를 끄덕였다. 자신 안에 있는 내면의 힘을 발견하고 자신에게 충실한 삶을 살아간다면 그 결과는 매우 놀라울 것이다.

다르샤의 삶: 레드 존　　　　　　　　　○○●

내 내면의 울림을 따라야 한다.

다르샤가 레드 존에서 습관적으로 하는 말은 다음과 같다.

- "글쎄, 좋아. 그런 것 같아."
- "나는 상사가 한 말을 그대로 받아들여야 할 것 같아."
- "상황이 바뀔 수는 있을까?"
- "나만 이렇게 생각하나?"
- "저 사람들은 왜 그렇게 말하고 행동하는 거지?"

다음은 레드 존에서 다르샤의 내면에 숨어 있는 감정들이다.
공감하는 단어가 있으면 표시해 보자.

- 무력하다.
- 나를 믿을 수 없다.
- 노예가 된 것 같다.
- 통제되고 있다.
- 피곤하다.
- 화가 난다.
- 내 능력이 의심된다.

- 희망이 없다.
- 답답하다.
- 오해가 쌓인다.
- 자유롭고 싶다.
- 주변에 무관심해졌다.
- 퇴사하고 싶다.

지난 2017년에 시작된 미투 운동의 토대는 다르샤가 느꼈던 무기력함, 절망감과 같은 감정의 레드 존에 뿌리를 두고 있다. 미국 사회에서는 상황을 극단적으로 받아들이는 경향이 있다. 자신에 대한 확신이 부족하거나, 능력을 의심하거나, 가해자를 향한 분노의 감정은 다양한 행동으로 나타난다. 미투 운동을 반대하는 사람들도 있다. 잠시 이러한 혼돈에서 벗어나 시간을 가지자. 미투 운동은 여전히 전개되고 있으며 더 큰 이야기를 위한 시작이자, 사회 속에 만연한 무례함을 경고하고 있다. 미투 운동은 인간의 존엄성을 노골적으로 무시하는 행동을 지적한다. 이런 무례함은 조직의 차세대 직원들에게도 영향을 미치게 될 것이다. 소아성애자(어린아이를 대상으로 하는 성범죄)를 생각해 보라. 이 문제는 미투 운동의 본질과 연결되어 있다.

미투 운동이 미국을 넘어 다른 나라에서는 어떻게 진행되고 있는지 생각해 볼 필요가 있다. 여전히 많은 나라에는 우리가 당연하게 여기는 약자의 기본권이 존재하지 않는다. 2017년, 미투 운동은 85개국으로 확산되어 어두운 문제에 빛을 밝혔다. 지구촌의 맥락에서 이 움직임을 고려할 때, 미국은 과연 그 빛의 중심 역할을 할 수 있을까? 아마도 그 운동은 변화의 촉매제로써 더 큰 변화를 요구할 것이다. 언뜻 보기에 아직까지는 큰 문제가 아닐 수도 있다.

그러나 중요한 것은, 세계의 모든 지성인들이 협력해야 하는 문제이자 우리 모두에게 매우 중요한 과제라는 것이다.

당신이 다르샤와 같은 사람이라면?

◦ 개인의 잠재력보다 훨씬 작은 성과에 만족하게 된다. 당신은 스스로 고정 마인드셋에 사로잡혀 있다는 걸 알게 됐다. 자신에게 더 많은 잠재력이 있다는 것을 알지만, 어떻게 풀어낼지 확실하게 알지는 못한다. 개인적으로나 업무적으로 자신이 원하는 것보다 훨씬 더 작은 성과에 만족하는 데 익숙해진다.

◦ 더 이상 스스로를 믿지 않는다. 내면의 감정과 사고는 뭔가 잘못되어 가고 있다는 신호를 보내지만, 회의감으로 가득 차 있기 때문에 알아채지 못한다. "다른 사람들 모두가 그렇게 믿고 있다"는 잘못된 판단에 스스로를 옭아매고 있다. 그래서 자신을 믿지 않는다.

◦ 위계 질서에 얽매인다. 직원들은 위계에 따라 자신들도 똑같이 행동해야 하는지 고민한다. 당신은 직원들에게 "착한 직원이 되기 위해서는 무슨 일이 있어도 조직의 위계를 따르라"라고 가르친다. 직원들은 반박하는 것을 망설이게 되고, 위계를 따르는 방식에 익숙해진다. 위험을 감수하는 업무를 담당하는 직원들은 더욱 힘들어한다.

- 무의식적 편견으로 인한 고정 마인드셋에 갇힌다. 부서원들은 자신들의 부서가 어떻게 돌아가는지 알고 있다. 그들은 일이 진행되는 과정에 익숙해지며 고정 마인드셋을 받아들인다.

다르샤의 삶: 그린 존   ○ ○ ●

<u>"나에게는 고정 관념을 바꿀 힘이 있다."</u>

다음은 다르샤가 그린 존에 있을 때 들을 수 있는 말이다.

- "나에게는 스스로를 바꿀 힘이 있습니다."
- "바로 진행하겠습니다. 더 이상 승인을 기다리지 않을 겁니다."
- "그럼, 어디 한번 보시죠."
- "더 이상 타인이 동조하기를 기다리지 않을 거예요."
- "색안경이 벗겨진 듯 눈 앞이 선명해졌어요."

다음은 그린 존에 있는 다르샤의 내면에서 방출되는 에너지다.

- 권한   - 즐거움

- 희망
- 용기
- 자신감
- 성장
- 전진함
- 표현의 자유
- 존경심

- 풍족함
- 재충전
- 깨달음
- 확장성
- 완전성
- 새로운 에너지

뒷 이야기: 다르샤와의 대화 ○○●

Q. 포럼에서 당신에게 큰 깨달음을 주었던 순간을 설명해 주실 수 있나요?

A. 포럼에서 소그룹으로 나뉘어 활동하고 있을 때였어요. 직원들의 레드, 옐로우, 그린 사고방식을 바탕으로 대화를 나누는 시간을 가졌고, 확신에 찬 포부를 들을 수 있었어요. 실제 실습이 시작되기 직전, 저는 현재의 업무와 팀장을 향한 불만, 그리고 현실에 대한 좌절을 이야기했어요. 그런데 말을 끝낼 때 즈음 이런 생각이 들더라고요. '억울함에 갇혀서 현실을 외면하는 것은 아닐까? 그들이 내게 해준 조언을 받아들여 보면 어떨까?' 하고요. 그리고 몇 달이 흐른 후에 그때의 조원들이 지금의 성공한 저를 알아보고 이

렇게 말했죠. "어머, 바로 당신이군요! 당신이 어떻게 지냈는지 궁금했고, 그동안 어떻게 변했는지 이야기를 듣고 싶었어요." 마음에서 울려퍼지는 내면의 소리에 집중한 결과는 정말 대단합니다!

자기실현적 예언의 힘을 다시 살펴보자. 대부분의 사람들은 자기실현에 대한 문제가 '외부에' 있다고 믿는다. 다른 사람이 변한다면 모든 것이 괜찮아질 것이라고 믿는다. 그러나 자기실현적 예언은 그렇지 않다는 것을 보여 준다. 변화의 힘은 나의 믿음과 생각에 달려 있다.

Q. 포럼 세션에서 당신의 앞길을 가로막는 것이 고정 마인드셋이라는 걸 어떻게 깨달으신 겁니까?

A. 생각을 달리 하기 시작하니까 모든 게 다르게 ㄴ껴졌어요. '왜 나는 시키는 대로만 했을까?'라는 의문을 품자, 가야 할 길이 선명하게 보였어요. 갑자기 힘이 나면서 제가 원하는 것을 얻기 위해 열정을 태우기 시작했죠. 직원으로서, 우리는 적극적으로 행동하도록 교육을 받고 있잖아요. 저는 지금까지 적극적으로 행동했다고 생각했는데 여전히 아무것도 얻지 못했어요. 제가 원하는 것을 얻으려면 적극

적인 마인드에 추가적으로 계획적인 마인드가 필요했던 거예요. 그래서 도표를 활용해서 제가 달성한 성과를 설명하게 되었고 승진 기회를 다시 얻을 수 있었어요. 저는 상사가 제 능력을 다 안다고 생각했었죠. 하지만 그는 제가 예전에 했던 일들을 전혀 모르고 있었어요. 그 사실은 저에게 큰 교훈을 주었죠! '현재의 상황을 다양한 관점에서 보아야 한다는 것', '반박하는 것을 두려워할 필요가 없다는 것'을요.

Q. 힘이 있다는 것을 알게 되었을 때 어떤 느낌이었나요? 아직도 고정 마인드셋에 갇혀 있는 사람들은 자신 안에 숨어 있는 내면의 힘을 어떻게 느끼고 있을까요?

A. 저는 제 안에 존재하는 내면의 힘을 통해서 희망을 느꼈어요. 제가 고정 마인드셋에 갇혀 있었을 때에는 많은 시간을 다른 사람들을 비난하는 데 썼죠. "내가 똑똑히 봤는데 어떻게 보지 못했다고 말할 수 있지?", "나는 이미 X, Y, Z를 다 했는데", "내가 이미 준비 다 되었다고 말했는데 또 뭘 보여 줘야 하는 거야?"

목표를 향해 질주하다가도 힘 빠지는 말들을 내뱉는 자신을 발견한다면, 그때가 바로 자신을 냉철하게 돌아볼 때예요. 스스로에게 물어보세요. '내가 진행한 프로젝트의 성과물을 상사에게 명확하게 보여 주었는가?', '상사는 내가

프로세스 변화를 통해 목표를 몇 배나 초과해서 달성했다는 사실을 알고 있을까?'

어느 누구도 독심술을 발휘할 수 없어요. 그들이 팀장이고 상사라고 해서 당신의 모든 것을 알지는 못합니다. 그래서 자기 자신을 홍보하고 보여 주는 것이 중요해요.

Q. 자신의 삶을 바꾸고 싶은 다른 직원분들과 어떤 경험을 나누고 싶으신가요?

A. 직원들은 자신의 성과를 다른 사람에게 직접 이야기하기를 꺼려하기도 해요. 하지만 이런 행동은 좋지 않아요. 저는 직원들에게 자신이 원하는 것을 더 큰 목소리로 외쳐야 한다고 강조해요. 자신의 목표를 공개적으로 이야기하는 것이 바람직하다고 말이에요. 저는 신입사원들의 경력 개발에 관심이 있어서, 제가 일하는 곳에 관련 커뮤니티를 만들었어요. 우리의 주된 관심사는 대학생들의 경력 개발이에요. 저는 이미 다른 사람에게 영향을 주기 시작했어요. 이력서 검토, 면접 준비, 경력 개발 계획 등을 돕고 있죠. 자신의 직업에 열과 성을 다하는 것은 정말 멋진 일이에요.

#계획적인_마인드 #나는_무엇을_보여_줄_수_있는가?

로고의 의미

다르샤는 통찰력을 통한 지혜를 전하고 있다. 타인의 시선과 판단에 휘둘리는 것은 당신의 마음속에 깊이 자리 잡고 있는 창의성을 없앨 수 있다. 인생에서 벌어지는 일이 늘 좋을 수만은 없다. 정말 좋은 일이 있다면, 지독하게 나쁜 일도 생긴다. 그런데 왜 절망에 굴복하는가? 세상은 여러분이 믿음을 바탕으로 스스로 변하기를 바란다. 지금까지 존재하는 모든 이론과 믿음은 오래전 누군가가 용기 있는 선택을 했다는 방증이다. 당신도 그들 못지 않은 힘을 가지고 있다. 다르샤의 로고에서 중요한 점은 바로 눈이 영혼의 관문이라는 것이다. 눈은 자신과 타인에 대한 연민의 관문이다. 사랑은 우리의 시선을 부드럽게 한다.

정리 노트 ○○●

명심해야 할 사실

∘ 나는 매일매일, 결정할 때마다 새로운 인생을 써 나가고 있다.

∘ 언어를 바꾸고, 세상을 바꿔라.

∘ 나는 더 이상 미지의 존재를 두려워하지 않고 용기 있게 받아들인다.

∘ 나의 용기는 나와 다른 사람들을 위한 것이다.

힘이 되는 노래

∘ 크리스티나 아길레라Christina Aguilera – Fighter

∘ 니나 시몬Nina Simone – Feeling Good

∘ 나오미 스콧Naomi Scott – Speechless

∘ 케이티 페리Katy Perry – Roar

∘ 블랙 아이드 피스Black Eyed Peas – Own It

활력소가 되는 영화와 책

∘ 《히든 피겨스Hidden Figures》, 마고 리 셰털리Margot Lee Shetterly 저

∘ 《헬프The Help》, 캐서린 스터킷Kathryn Stockett 저

∘ 《언테임드Untamed》, 글레넌 도일Glennon Doyle 저

∘ 《꽃들에게 희망을Hope for the Flowers》, 트리나 폴러스Trina Paulus 저

∘ 《사랑의 정치A Politics of Love》, 마리안느 윌리엄슨Marianne Williamson 저

∘ 《여성의 가치는 무엇인가?: 래리 나사르의 성폭력을 고발하다What Is a Girl Worth?: My Story of Breaking the Silence and Exposing the Truth about Larry Nassar and USA Gymnastics》, 레이첼 덴홀랜더Rachael Denhollander 저

치유에 도움이 되는 것들

◦ 라벤더 – 정서적 행복뿐만 아니라 의식과 평화를 촉진한
다. 탁 트인 느낌을 선사한다.

◦ 코파이바 – 신경계, 심장 및 호흡계 진정을 도와준다.

◦ 카시아 – 소화와 건강한 면역 체계 및 반응 작용을 도와
준다.

◦ 마조람 – 신경계 및 심혈관계를 건강하게 개선해 준다.

✦ 다르샤처럼 자신에 대한 가치 평가를 타인에게 의지했던 경험이 있는가? 만일 그랬다면 당신의 직장에서 어떤 형태로 나타났는가?

_____

_____

_____

_____

✦ 미투 운동은 다르샤의 사고방식과 어떤 관련이 있을까?

_____

_____

_____

_____

✦ 로고의 의미 중에서 당신에게 와닿는 부분이 있었는가? 어떤 부분을 더 추가하면 좋을까?

_____

_____

_____

_____

야망을 억누르고 있는 당신,
두려움을 직시해라

굳건한 성격에 자신감과 자긍심이 넘치는 아발린은 조용하고 수동적이었던 과거의 모습과는 사뭇 다르다. 아발린의 예전 삶은 과연 어떠했는지, 시간을 거슬러 올라가 보자.

중산층들이 모여 사는 작은 마을에서 자란 아발린은 부지런함과 끈기가 성공의 미덕이라는 것을 자연스럽게 터득했다. 그는 열심히 공부했고 경영학 학사 학위를 받았다. 그의 첫 번째 직장은 문제 해결 능력을 요구하는 IT 회사였다. 아발린은 인디아나 존스 역할에 몰입하는 것을 좋아했다. 업무를 할 때도 마치 정글 속에서 숨은 보물을 찾듯이 탐색하는 일을 즐겼다. 아발린에게 성공이란 'A 지점에서 B 지점으로 이동한 다음 C 지점으로 이동하는, 움직이는 선형 공식'과 같은 것이었다. '너무 앞서가지 말고 먼저 베풀어라'는 아발린이 가지고 있는 철학이었고, 무엇보다 중요한 것은 안정적인 근무 환경이었다. 때로는 성장을 향한 갈망과 내적 갈등 사이에서 신음하기도 했다. 안정성과 성장, 이 두 가지를 동시에 이룰 수 있을까? 동전의 양면과 같은 것이 아닌가? 그는 안정성과 성장 모두를 확신하지 못했고, 위험을 감수할 수 있을지 두려웠다.

아발린의 첫 직장은 괜찮았지만 경제 상황이 좋이 않아 폐업하고 말았다. 첫 직장의 운영이 불안정했던 탓이라 생각하고, 다음엔 기필코 안정적인 직장에 들어가리라 다짐했다. 그는 유명한 대학에서 IT 관련 직업을 구하기 위해 몇 시간 떨어진 곳으로 이사했다. 회사가 추구하는 결과는 아발린이 가진 능력에 비하면 그리 어려운 일이 아니었다. 하지만, 설령 자신의 능력에 비해 보수가 적더라도 전문가가 될 수 있다면 무슨 일이든 하기로 결심했다. 당시에는 그것이 합리적인 선택이라 생각했다.

아발린은 자신이 지원한 업무를 빠르게 익혀 갔다. 그 후 1년 뒤, 더 성장하고 싶다는 내적 욕구가 솟아올랐지만 불행하게도 두려움과 고정적인 사고방식이 그를 가로막았다. 그는 성장에 대한 욕구를 억제하기 위해 노력했다. 내면의 야망을 애써 외면한 것이다.

아발린은 매주 회사의 내부 채용 공고를 훑어보곤 했는데, 선호하는 분야가 있더라도 아직 적격 요건을 갖추지 못했다는 생각 때문에 그 기회를 잡지 못했다. 그러던 어느 날 한 게시물이 아발린의 시선을 사로잡았다. 매번 자신의 것이 아니라며 스스로 포기했던, 부사장 및 고위 간부들과 적극적인 관계가 필요한 업무였다. 아발린은 간부들과의 교류한다는 생각만으로도 아찔해졌다. '나는 아직 햇병아리일 뿐이야. 그 일은 나에게 너무 과분해.' 아발린은 부정적인 말로 자신의 마음을 가라앉혔다. '나는 지금 하고 있는 일에 감사해야 해.' 결국 그는 해당 분야에 지원하지 않았다.

두 달 후, 아발린은 자신의 성장에 걸림돌이 되는 것이 무엇인지를 알게 되었다. 입사지원 과정에서 남성과 여성이 어떻게 다른지에 대한 기사를 읽고 있던 도중, 한 문장이 이상하리만치 확 와닿았다. "여성은 100% 자격 요건을 갖추어야만 직장에 지원하지만, 남성은 60%만 갖추어도 지원한다". 왜 그럴까? 여성들은 자신들이 부족하다고 생각하는 것일까? 그러다 문득, 그는 자신의 예전 모습을 떠올리며 깜짝 놀랐다. 맡은 일에 자격이 없다고 생각하는 고정 마인드셋은 바로 아발린 내면에서 벌어지고 있는 문제였다.

아발린은 자신의 발목을 잡고 있는 '두려움'을 정확히 인지하게 되었다. 이제는 생각을 바꿔야 할 때였다. 그 기사를 읽은 다음 날, 아발린은 자신의 능력에 자신감을 가지고 원하는 분야에 지원했다. 그 후로 3개월 동안 그는 많은 면접 경험을 쌓았다. 면접관의 관심을 받는 것이 중요하다고 생각했고, 그 어느 때보다 열심히 공부하고 준비했다.

어느 목요일 오후, 전화벨이 울렸다. 예전에 면접을 봤던 회사의 면접관이었다. 드디어 기회가 왔다. 아발린은 깊이 심호흡을

한 뒤 수화기를 들었다. 그 너머로 목소리가 들려왔다. "당신의 노고에 진심으로 감사드립니다. 다수의 면접관이 당신을 주목했습니다. 하지만, 저희는 더 많은 경험을 가진 다른 분과 함께 하기로 결정했습니다." 아발린은 기회를 준 것에 대해 감사를 표한 후 진지하게 물었다. "제가 만일 다시 면접을 본다면 어떻게 해야 좋은 결과를 얻을 수 있을까요?"

짧게 끝날 수 있었던 대화가 15분 정도 이어졌다. 아발린은 실망했지만 최선을 다한 자신을 자랑스러워하며 전화를 끊었다.

그런데 금요일 아침, 전화벨이 다시 울렸다. 전날 통화했던 면접관이었다. 그는 놀라운 소식을 전했다. "밤새 생각해 본 결과, 결정을 번복하기로 했습니다. 비록 저희가 원하는 경험치를 모두 충족시키지는 못했더라도 당신이 적임자라는 생각에는 모두 동의했습니다. 저희의 제안을 받아주시겠습니까?" 아발린은 열정적으로 긍정을 표했다. 그는 드디어 스스로의 힘으로 새로운 미래를 향한 도약을 시작했다.

아발린의 삶: 레드 존

"나는 역량이 충분하지 않다."

아발린이 레드 존에서 습관적으로 하는 말은 다음과 같다.

- "나는 지금의 상황에 감사해."
- "내가 그 일을 잘할 수 있을지 모르겠어."
- "나는 지금 업무에 충실하고 있고, 나중에 또 다른 기회가 있을 거야."
- "해야 할까 말아야 할까?" - 내부 갈등의 징조
- "준비가 되었는지 아직 잘 모르겠어."

아래는 레드 존에서 아발린 내면에 숨어 있는 감정과 생각들이다. 당신이 공감하는 단어가 있다면 표시해 보자.

- 자신감이 부족하다.
- 목소리가 작아진다.
- 방황한다.
- 내 차례는 언제 올까?
- 미래가 없다.
- 질투가 난다.

- 두렵다.
- 의구심이 든다.
- 고통스럽다.
- 노력해야 한다.
- 별 일 아닐 것이다.
- 갈등한다.

- 어딘가 결핍된 것 같다. - 미래가 불확실하다.
- 불편하다.

당신이 아발린과 같은 사람이라면? ○○●

- 기회는 손가락 사이로 빠져나간다. 모든 행동은 상호 의존적이다. 나에게 해당된다면 다른 사람들에게도 해당된다. 다른 유능한 직원들과 함께 일하는 것은 특권이지 부담이 아니다. 때로는 다른 직원들에게 새로운 기회를 양보하며 함께 즐겁게 일할 수 있다.

- 자신의 내부 갈등으로 인해 사고가 마비된다. 당신은 무의식적으로 최적의 기회를 마냥 기다리면서 안절부절하곤 한다. 인정받지 못하는 것에 쉽게 불안감을 느낀다. 스스로가 올바른 방향으로 기고 있는지 의심하기 시작한다. 점점 더 발전해 나갈 수 있을지 걱정한다. 자신을 틀 안에 가두고 있다는 것을 모르며, 그 안에서 빠져나올 힘이 있다는 것도 인지하지 못한다.

- 자신도 모르게 직원들에게 우울한 메시지를 보낸다. 스스로에게 의심의 씨앗을 심게 된다. '팀장도 못 하는데 내가

어떻게 해?' 직원들에게는 기회를 잡는 위험을 감수하지 말고 그냥 기다리라고 지시한다. 이는 성공의 공식이 내가 아니라 다른 누군가의 손에 의해 좌우된다는 고정 마인드셋을 심어 준다. 의심의 씨앗은 마음속에 레드 존이 뿌리내릴 수 있도록 땅을 갈아 준다.

◦ 동료들은 당신을 믿지 않는다. 팀원들이 당신을 능력도 없고 자격도 없는 사람이라고 생각한다면 당신 대신 조직을 이끌어 가려고 할 수도 있다. 당신의 능력에 대한 불신이 팀원들의 마음속에 싹튼다. 그 결과, 팀원들 중 일부는 이러한 무의식적인 편견으로 인해 당신을 통제하는 사람으로 성장한다. 그러나 우리는 이러한 잘못의 악순환을 막을 방법을 알고 있다.

아발린의 삶: 그린 존   ○ ○ ●

"나와 당신은 역량이 충분하다."

다음은 아발린이 그린 존에 있을 때 하는 말이다.

◦ "저는 할 수 있습니다."

○ "마음만 먹으면 무엇이든지 배울 수 있을 것 같아요."

○ "저는 성공한 것 같아요."

○ "이제는 다른 팀원들을 격려해 주려고 해요."

○ "다른 길이 있다는 것을 팀원들에게 알려야겠어요."

다음은 그린 존에 있는 아발린의 내면에서 방출되는 에너지들이다.

○ 용기	○ 창의적
○ 자존심	○ 단호함
○ 모험심	○ 대담함
○ 대담함	○ 품위
○ 꿈	○ 에너지
○ 자기 확신	○ 결정력
○ 검증됨	○ 희망

나와 당신은 역량이 충분하다

다른 사람의 성공을 축하한다고 해서 자신의 성공이 줄어들지는 않는다. 다른 사람의 아름다움을 칭찬한다고 해서 자신의 아름다움이 감소하지도 않는다. 내면의 힘은 얼마나 집중하느냐에 달려 있다. 개인의 성공은 모든 팀원을 물들인다. 타인의 성공이 나의 성공이고 나의 성공이 곧 타인의 성공이라는 생각을 받아들이자.

Q. 당신이 꿈꾸던 직업을 얻기 이전의 생활은 어땠나요?

A. 제 머릿속은 너무 복잡했어요. 대학교에서 일한 지 1년도 채 되지 않았죠. 내가 다른 분야로 갈 수 있을까? 처음으로 나에게 기회를 준 사람에게 충성해야 하지 않을까? 이런 생각들에 사로잡혀서 제 앞길에 놓여 있는 장애물을 볼 수 없었어요. 이상하게도 제가 상상했던 장애물들은 현실 속에 존재하지 않았죠. 우리는 할 수 있는 일도 필요 이상으로 어렵게 만들곤 합니다. 직장 상사와 대화할 때 저는 자신감이 없었어요. 그런데 놀랍게도 팀장님은 저를 격려해 주었습니다. 정말 다행이었죠. 팀장님은 제가 다른 사람들과 똑같이 승진할 수 있다는 것을 깨닫게 했어요.

Q. 당신의 앞길을 가로막는 가장 큰 장애물이 고정 마인드셋 이라는 것을 깨달았을 때 어떤 느낌이었나요?

A. 스스로에 대한 의구심을 떨쳐버리고 나서 저는 너무 자유롭고 좋았어요. 끈기와 결단력은 항상 제가 직장에서 칭찬받는 부분이었지만, 스스로에 대한 의심은 항상 있었어요. 내 마음가짐이 나를 얼마나 망설이게 하는지 알고 나서는 세상을 새롭게 바라보기 시작했죠. 그게 아주 큰 동기부여가 되었어요. 제 안에 있는 고정 마인드셋을 알게 된 후 저

는 제 일상에 변화를 줬어요. 아주 짧은 시간이었지만 마치 제 머릿속에 불이 켜진 것 같았죠. 제가 만약 내면의 의심과 부정적인 사고방식을 인지하지 못했다면 제 꿈에 도전하지 못했을지도 몰라요. 어쩌면 저는 오늘도 레드 존에서 언제 올지 모르는 '제 차례'를 기다리고 있을지도 모르죠.

Q. 현재의 일에 치여서 미래를 잃고 방황하는 사람들에게 하고 싶으신 말씀이 있을까요?

A. 미래에 원하는 목표가 있다면, 그 방향으로부터 멀어지지 말아야 해요. 놀랍게도 3개월 동안 면접 과정을 거치면서 많은 분이 저에게 물어보더라고요. "자신의 역량을 업그레이드하기 위해 무엇을 했나요?"라면서요. 저는 자신의 방식대로 해야 한다고 대답했죠. 무엇보다도 석사 학위처럼 우대받을 수 있는 자격에 너무 매달리지 말라고 말해 주고 싶어요. 자격에 너무 얽매일 필요는 없습니다. 오히려, 당신이 회사에 줄 수 있는 가치에 집중하세요. 집중하다 보면 전혀 다른 결과가 나옵니다. 저는 지금 제 직업에 기대했던 것 이상으로 너무 만족해요. 제가 받은 여러 가지 혜택을 포함하면 예전보다 급여가 64% 이상이나 증가했어요. 다른 분들도 저와 같은 성공을 경험했으면 좋겠어요.

#기회는_도전하는_자에게 #나는_자격이_충분하다

로고의 의미

나비의 삶에는 변신을 엿볼 수 있는 마법이 존재한다. 나비의 삶은 믿음의 연속이다. 누에고치 안에서 휴면기에 들어가 휴식을 취하려면 언젠가는 날 수 있다는 믿음이 있어야 한다. 나비는 아름다운 미래를 위해 좁고 답답한 공간에 머문다. 날 수 있도록 만들어졌는데 애벌레처럼 기어다니기만 한다면 얼마나 속상한가? 사람도 마찬가지다. 성취를 이뤄서 스스로를 놀래키자. 자신과 다른 사람을 새롭게 보는 계기가 될 것이다.

나비의 에너지는 아이의 탄생처럼 경이롭다. 고요함, 부드러움, 그리고 변화를 이겨낼 수 있는 강인함이 있다. 이 로고는 탄생과 삶의 순환을 보여 준다. 살아 있는 동안, 삶은 우리에게 많은 기쁨을 가져다 준다. 그렇다면 당신의 삶은 세상에 얼마나 큰 기쁨을 되돌려 줄 수 있는가?

정리 노트　　　　　　　　　　○○●

명심해야 할 사실

◦ 나는 배우고 성장할 수 있는 타고난 능력을 가지고 있다.
◦ 내 사전에 두려움은 없다.
◦ 나는 이미 성공했다. 모두가 곧 나를 따라올 것이다.

- 나는 용감해지기로 결심했다.
- 나의 발자취는 언젠가 다른 사람들을 의지로 이끌 것이다.

힘이 되는 노래

- 리틀 믹스 Little Mix – Salute
- 다이애나 로스 Diana Ross – I'm Coming Out
- 휘트니 휴스턴 Whitney Houston – I'm Every Woman
- 제니퍼 허드슨 & 제니퍼 네틀스 Jennifer & Jennifer Nettles – You will The Own Song

활력소가 되는 영화와 책

- 〈퀸카로 살아남는 법 Mean Girls〉
- 《벌들의 비밀 생활 The Secret Life of Bees》, 수 몽크 키드 Sue Monk Kidd 저
- 〈그들만의 리그 A League of Their Own〉

치유에 도움이 되는 것

- 아이다호 발삼전나무 또는 아이다호 푸른가문비나무 – 의욕을 불러일으킨다.
- 카시아 – 소화, 건강한 면역 체계 및 반응 시스템을 도와준다.
- 시더우드 – 편안함과 안정감을 준다.

- 코파이바 – 신경계, 심장, 호흡기 등을 진정시킬 수 있게 도와준다.
- 목련나무 껍질 – 불안감을 줄일 수 있다.
- 꽃 추출물: 샤스타 데이지 – 일체감을 높여 준다.
- 보석: 오비디안 – 강인함과 보호를 뜻한다.

✦ 아발린의 그린 존은 '함께'라는 동료 의식을 일깨워 준다. 동료 의식을 돈독히 할 수 있는 방법에는 어떤 것이 있을까? 어떻게 하면 서로를 더 의지하고 격려할 수 있을까? 어려움에 처한 동료에게 당신의 마음이 전해진 적이 있다면 어떤 부분이었는가?

_____

_____

_____

✦ '변신'이라는 로고의 의미가 당신에게 어떤 반향을 일으켰나? 당신은 날아 오를 준비가 되었나?

_____

_____

_____

✦ 자기 인식은 삶의 여정에서 가장 중요한 부분이다. 최근 무의식적 또는 의식적으로 고정 마인드셋이 튀어나왔던 기억이 있었는가?

_____

_____

_____

충분히 보상받지 못했다고 생각하는 당신, 존재를 드러내라

어느 금요일 오후 늦게 예상치 못한 전화가 걸려왔다. "저 지금 너무 힘들어요. 어떻게 해야 할지 모르겠어요. 그동안은 다른 리더들의 스케줄을 잡기 위해 당신과 통화해 왔는데, 지금은 저 때문에 전화드렸습니다." 나와 10년 넘게 함께 일해 온 젤릴라의 전화였다. "최근 협의 완료된 임금 인상이 좌절되었어요. 그것도 3년 연속이요! 제발, 제가 뭘 놓치고 있는지 도와주실 수 있을까요?"

젤릴라는 꾸준히 성장하고 있는 글로벌 명품 브랜드에서 근무하고 있다. 그는 그 회사에서 14년을 일했고 자신의 조직을 꾸준히 성장시켜 왔다. 주위 사람들로부터 능력을 인정받는 것은 물론, 다른 사람들보다 더 많은 성과를 내고 있었다. 그 추진력, 전문성, 최고가 되고자 하는 노력은 그를 북미 지역에서 최고의 고성과자로 만들었다.

하지만, 회사가 조직 니즈에 따라 젤릴라를 단기적으로 이용하고 있다는 사실은 까마득하게 모르고 있었다. 그가 나에게 전화한 것은 임금 동결을 세 번이나 통보받은 후였다. 그의 인내는 한계에 다다랐다.

젤릴라가 조직에서 인정받기 위해서는 무엇을 어떻게 해야 했을까? 그의 좌절감은 답을 찾을 수 없는 수많은 질문에서 비롯되었다. 여기서 한 가지 좋은 소식은 젤릴라가 이러한 좌절로 인해 바쁜 일상 업무를 멈추고 자신을 돌아보는 데에 시간을 투자했다는 것이다.

젤릴라는 자신만의 생각에 빠져 있었다. '내가 열심히 일하면 보상을 받을 수 있을 거야'. 그 전략은 경력 초기 몇 해 동안은 효과가 있었다. 하지만 어느 순간, 열심히 일하는 것만으로는 더 이상 성장하지 않는 시점에 도달했다. 나는 젤릴라에게 물었다. "젤릴라, 당신의 리더십을 위해 스스로에게 시간을 투자한 것이 언제가 마지막인가요?"

"나 자신에게 투자요?" 그는 크게 웃었다. "그럴 수 있는 사람이 있나요? 지는 할 일이 너무 너무 많아요!"

그는 자신이 맡고 있는 과업, 완수했던 프로젝트 결과들, 그리고 기대에 대한 압박감에 대해 10분 동안 설명했다. "제가 이 회사에서 5년 동안 세 명의 상사를 거쳤다는 거 아시죠? 그 사람들이 입사하고 퇴사하는 동안 저는 계속 이곳을 지키고 있었어요. 저에게 투자할 시간이 없었다고요."

젤릴라와의 대화는 점점 불편해지기 시작했다. 나는 최대한 쉽게 설명했다. "지금까지 성공하게 만든 바로 그 마음가짐이 다음 단계로 나아가는 데에 방해가 돼요. 이제는 단순히 열심히 일하는 대신 시야를 넓히는 데에 집중할 때예요." 그는 머뭇거리면서도 지금은 예전과는 달리 행동할 시점이라는 나의 의견에는 동의하는 것 같았다. 확신하지는 않았지만 기꺼이 노력하기로 다짐하고 3개월 동안 자신에게 시간을 투자하기로 약속했다.

젤릴라는 자신 없다는 듯이 중얼거렸다. "쉽지는 않을 거예요. 저는 제 이야기를 하는 게 싫거든요. 만약 상사가 저에게 어떤 일을 하라고 맡긴다면… 저는 일단 열심히 할 것 같아요. 이렇게 일하는 게 뭐가 문제인지 잘 모르겠어요." 나는 침착하게 대답했다. "시간이 지나면 알게 될 거예요."

그 후 3개월 동안 젤릴라는 자신의 태도를 다시 보기 위해 노력했다. 그러자 작은 변화가 서서히 번지기 시작했다. 직장 상사에게 자신의 의견을 이야기하고 더 많은 시간을 보내며 관계를 돈독히 할 수 있었다. 새로운 길을 가기 위한 디딤돌이 생긴 것이다. 그러나 그는 새로운 가능성을 느꼈음에도 불구하고 빠르게 예전으로 되돌아갔다. '이런 행동들이 정말 중요한가? 난 그냥 내일을 하고 싶은데….'라는 생각이 앞선 것이다. 조금만 더 조언을 해 주면 젤릴라는 크게 성장할 것 같았다. 만약 회사가 젤릴라의 코치로 나를 임명한다면 나는 젤릴라에게 많은 조언을 해 줄 자신이 있었다.

어느 날 젤릴라가 고위 경영진의 스케줄 확인을 위해서 나에게 전화하며, 어떻게 하면 급여 인상을 설득할 수 있는지 조언을 구했다. 나는 젤릴라에게 "앞으로 3개월 동안 당신의 미래를 위해 무엇을 해야 할까요?"라고 물었다. 젤릴라는 크게 한숨을 쉬었다. "그런 생각을 해본 적이 없어요. 꼭 그래야 하나요?" 나는 날카롭게 말했다. "당신이 3년 연속으로 마땅히 받아야 했을 급여 인상 통보를 받지 못하게 된 이유는 바로 그런 마음가짐 때문이에요." 잠시 침묵이 흘렀다. 잠시 후, 그는 내 제안을 마지못해 받아들였다. "좋아요. 그럼 어떻게 행동하면 자연스럽게 급여 인상을 이야기할 수 있는 상황이 오는 거죠?"

대화는 효과적이었다. 그는 작은 성공을 경험할 때마다 자신감이 커졌고 그럴 때마다 상사들은 긍정적으로 반응했다. 젤릴라는 작은 행동이 쌓여서 자신의 미래에 큰 영향을 미칠 수 있다고 믿기 시작했다.

이 과정에서, 우리는 지난 3년 동안 젤릴라가 승진하지 못했던 중요한 원인을 발견했다. 매년 상사들은 승진 대상자 명단을 논의하기 위해 회의실에 모이곤 했다. 승진 대상에 뽑힌 인원은 극소수였는데, 대상 직원의 직속 상사가 큰 목소리를 내거나, 큰 영향력을 행사하거나, 설득력 있는 사례를 제시할 경우에만 승진이 되었던 것이다.

"젤릴라, 당신은 승진 대상자 미팅을 앞두고 당신 상사가 당신을 대신하여 싸울 수 있도록 무엇을 준비해 줬나요?" 내가 물었고, 그는 얼버무리며 말했다. "아무것도 하지 않았어요. 상사가 저에 대해 잘 알고 있다고 생각했어요."

"저에게조차 당신의 가치에 대해 설명하지 못하면서 어떻게 당신의 상사가 당신의 업적을 설명할 수 있을 거라고 생각하세요? 당신이 열심히 일을 잘하고 있으며 이 회사에서 매우 소중하다는 것은 모두들 알고 있을 거예요. 그러나 당신의 상사는 당신의 구체적인 업적에 대해 잘 모를 수 있어요." 그의 상사가 승진해서 계속 큰 부서로 이동할 수 있었던 이유는 바로 젤릴라처럼 자신의 상사를 위해서 열심히 일하는 직원 덕분이라는 것은 분명했다. 나는 그때 그의 눈이 반짝이는 걸 느꼈다. 그리고 그 순간부터 모든 것이 바뀌었다.

90일도 지나지 않아, 나는 젤릴라로부터 한 통의 전화를 받았다. "놀라운 소식이에요. 이번에 월급이 인상되었어요!" 나는 진심으로 기뻤다. "그것 봐요, 젤릴라. 이제 멈추지 말고 달려가세요."

그의 질주는 멈추지 않았다. 18개월 후, 젤릴라는 마침내 그동안 답답하게 갇혀 있던 업무에서 벗어났다. 드디어 승진이 된 것이다. 이 모든 변화는 재능 있는 사람이 마침내 자신의 가치를 깨닫고 이를 표출하기 시작했을 때 비로소 일어나는 일들이다.

젤릴라의 삶: 레드 존

"내가 열심히 일한다면 보상받을 것이다."

젤릴라가 레드 존에서 습관적으로 하는 말은 다음과 같다.

- "나는 내 일을 하려는 것뿐이야."
- "급하게 할 일이 있어서, 이만."
- "나 자신을 위해 무언가를 할 시간이 없어. 내가 해야 할
  일이 얼마나 많은지 알아?"
- "내가 알아서 할게. 난 원래 이래."
- "이곳에서는 내가 얼마나 열심히 일하는지 아무도 모르
  는 것 같아."

아래는 레드 존에서 젤릴라 내면에 숨어 있는 감정과 생각들
이다. 공감하는 단어가 있으면 표시해 보자.

- 이유는 모르겠지만 늘 바쁘다.
- 불신에 자주 휩싸인다.   ○ 늘 기다린다.
- 중압감을 느낀다.   ○ 후회스럽다.
- 부담스럽다.   ○ 피곤하다.
- 의구심이 든다.   ○ 피해 의식이 있다.

∘ 의문스럽다.　　　　　　∘ 쓰라린 아픔을 겪었다.

당신이 젤릴라와 같은 사람이라면?　　　　　　○○●

∘ 주변 사람들로 하여금 무언가를 기대하게 한다. 당신의 행동은 의도치 않게 다른 사람들이 당신에게 많은 일을 부탁하게 만든다. 그들은 당신이 지칠 때까지 일하는 것을 지켜본다. 당신이 결국 번아웃에 빠질 것이다! 다만 스스로가 그렇게 유도했다는 걸 깨닫지 못할 뿐이다.

∘ 더 큰 그림을 보지 못한다. 고개를 숙인 채 지금 하는 일에만 집중하는 자세는, 자신은 물론이고 타인에게도 경력을 넓히는 데 도움이 되지 않는다. 다른 사람에게 의존하는 법을 가르치는 꼴이 되므로 그들이 스스로 독립하는 데 방해된다.

∘ 자기 관리가 부족하다는 사실을 간과한다. 자신을 돌볼 필요성을 느끼지 못한다. 가장 먼저 해야 할 일은, 자신을 돌보는 것이다. 내면의 변화가 없이는 나 자체가 변화되기 어렵기 때문이다. 문제의 근원은 자존심이다. 스스로가 할 수 없는 일은 절대로 다른 사람이 해 줄 수 없다.

∘ 도움의 손길을 피한다. 다른 사람이 도움을 주려고 할 때 당신은 더 열심히 일하라는 신호로 생각하고 외면한다. 그러나 도와달라고 말할 수 있어야 한다. 도와주려고 하는 사람들은 당신을 소중히 여기는 마음으로 다가오는 것이다.

당신에게 도움을 주고자 하는 사람이 있을 때마다 소중히 여기고 받아들이자.

젤릴라의 삶: 그린 존 ∘∘●

"나는 나의 가치를 분명히 표현할 수 있다."

다음은 젤릴라가 그린 존에 있을 때 하는 말이다.

∘ "저의 가치를 보여 주는 일이 점점 더 수월해져요."
∘ "더 이상 다른 사람을 기다리지 않습니다."
∘ "확실히 이전보다 자신감이 넘쳐요."
∘ "저는 더 많은 위험을 감수할 것입니다. 무슨 일이 일어날지는 아무도 모르겠지만요."
∘ "저는 지금 훨씬 더 행복하고 자유로워요."

다음은 그런 존에 있는 젤릴라의 내면에서 방출되는 에너지다.

- 이해
- 해결
- 성장
- 대담함
- 자기 충만
- 명확한 사고와 목적
- 자신감
- 지속성
- 생동감과 활발함
- 활력
- 흔들리지 않음
- 확실한 기본기

모든 젤릴라에게　○○●

젤릴라가 자신에게 시간을 투자하려고 할 때면 늘 바쁜 일상이 덮쳐와 그를 괴롭혔습니다. 업무의 우선 순위를 위해서는 자신에게 투자하는 시간을 없앨 수밖에 없죠. 이는 젤릴라에게 레드 존이 나타날 때마다 발견되는 핵심적인 특징입니다.

뒷 이야기: 젤릴라와의 대화　○○●

Q. 자신을 소중히 여기는 법을 배우는 과정에서 느끼는 기분은 어땠나요? 답답해서 화가 나는 순간도 있었을 텐데요.

A. (웃음) 네, 그런 것 같네요. 코칭 과정을 시작했을 때 그런 행동을 정말 많이 했어요. 이 방법을 알려준 코치님께 감사함을 전합니다. 저는 회사를 성장시키기 위해 제 인생의 많은 부분을 투자했어요. 정말 피곤했고 더 열심히 일하는 것이 불가능할 정도로 힘들었어요. 회사를 떠나는 방법도 있었겠지만 그러고 싶지는 않았고, 그런다고 해서 제가 앞으로 아무렇지 않게 성장할 수 있을 것 같지도 않았어요. 그냥 회피일 뿐이죠.

저에게 투자한 시간을 통해 저는 자신감을 갖게 되었어요. 더 높은 직급의 관점에서 일하기 시작했고 고위 임원들에게 저를 증명할 수 있었죠. 이후, 저는 더 많은 위험을 감수하기 시작했고, 그런 도전은 더 많은 성공으로 이어졌어요. 제 모습을 당당하게 보여 주며 의사 표현을 한 것이 큰 변화를 만들었죠. 어떤 분야가 오픈되면 저는 자신있게 바로 지원했어요. 지금 생각해 보면 제 마음가짐이 변해서 그렇게 된 것 같아요. (자기실현적 예언처럼 들리지 않나요?)

Q. 관점을 바꿔서 자신의 가치를 인정하고 난 후에 지금 기분은 어떤가요?

A. 저는 마침내 편견의 본질을 꿰뚫어 보는 법을 배웠어요. 몇몇 팀장들은 제가 새로운 직책을 맡는 것에 반대했죠. 아마 자신들의 업무에 타격이 생긴다고 생각했던 것 같아

요. 그들은 저의 비전에 관심이 있는 게 아니라, 그들의 이익을 위해서 저를 판단하고 있다는 것을 깨달았어요. 하지만 저는 아무 신경도 쓰지 않을 정도로 자신감이 있었어요. 스스로에게 최선이 되는 결과를 위해 판단해야 해요. 성장하고 변화해야 하잖아요. 다른 사람들을 기쁘게 하기 위한 행동도 이제는 하지 않아요.

Q. 이제 좀 더 명확히 알 수 있게 되었으니 다른 분들에게 어떤 조언을 해 주실 건가요?

A. 우선, 내면의 소리를 들어보세요. 그리고 당신의 생각을 다른 사람에게 말하세요. 당신은 스스로의 결정을 존중하며 살아야 하는 사람이에요. 당신의 내면은 이미 자신에게 어울리는 것이 무엇인지 알고 있어요. 자신의 소리에 귀 기울이세요.

#스스로를_돌아보는_시간 #나의_가치를_증명하라

로고의 의미

이 세상에 똑같은 눈 결정은 없다. 인간의 정신이 모두 다른 것과 비슷하다. 이 눈 결정들이 모이면 한겨울 환상의 동화를 만들 수 있다. 그러나 눈 결정의 마법을 항상 볼 수 있는 것은 아니다. 쌓인 눈 때문에 짜증을 내다 보면 기적을 놓치기 쉽다. 눈 결정은 빛을 반사한다는 것을 명심하자. 당신의 빛은 무엇을 반사하고 있는가?

정리 노트 ○○●

명심해야 할 사실

◦ 나는 내가 가진 내면의 힘을 인정한다.
◦ 나를 지지하는 것은 다른 사람의 몫이 아니다.
◦ 나는 스스로 일어설 힘이 있다.
◦ 나를 소중히 여길 때 세상도 나를 소중히 여길 것이다.
◦ 나는 나의 가장 큰 지지자이며 나를 지지할 힘이 있다.

힘이 되는 노래

◦ 데스티니 차일드 Destiny's Child – Independent Women Part 1
◦ 아레사 프랭클린 Aretha Franklin – Respect
◦ 메리 J. 블라이즈 Mary J. Blige – Just Fine
◦ 아니 디프랑코 Ani DiFranco – Not a Pretty Girl

활력소가 되는 영화와 책

- 〈금발이 너무해 Legally Blonde〉
- 《나는 말랄라 I Am Malala》, 말랄라 유사프자이 Malala Yousafzail 저
- 《걸 디코디드 Girl Decoded》, 라나 엘 칼리우비 박사 & 캐롤 콜먼 Rana el Kaliouby, PhD, & Carol Coleman 저
- 《걸 보스 #GIRLBOSS》, 소피아 아모루소 Sophia Amoruso 저

치유에 도움이 되는 것

- 영리빙의 릴리즈 오일 - 간 위치에 떨어뜨려 분노와 원한 등 부정적인 감정에 쌓인 몸을 해독한다.
- 장미 - 꽃 추출물 또는 오일. 장미 스프레이는 안정감에 도움을 준다.
- 자몽 - 과도한 업무와 중압감 등의 스트레스 요인을 해소시켜 준다.
- 레몬그라스 - 화와 관련된 염증, 분노, 열 등을 가라앉혀 준다.
- 프랑켄센스 - 감정을 균형 있게 조절해 준다. 세포 기능을 건강하게 유지하도록 도와준다.
- 라일락 에센스 - 지친 영혼을 달래 준다.
- 보석: 아벤투린 - 정신적, 육체적, 감정적으로 조화롭게 해 준다.

돌아보기

✦ 젤릴라는 일상이 너무 바빠서 미래를 내다 보지 못했다. 당신도 공감하는가? 바쁜 상황이 당신의 문제를 해결하고 큰 그림을 보는 데 어떤 악영향을 미친다고 생각하는가?

_____

_____

_____

✦ 당신은 시간의 우선 순위를 잘 선정하고 있는가? 시간의 우선 순위에 대한 생각을 바꾸면 사람들과의 관계 개선에 도움이 될까?

_____

_____

_____

✦ 당신은 스스로의 결정과 행동에 만족하고 있는가? 왜 사람들은 자신의 결정과 행동에 대해 불만을 가지는 걸까? 사회의 문제일까, 개인의 문제일까?

_____

_____

_____

_____

관심이 집중되는 것이 부담스러운 당신,
열정을 키워라

니키는 수십만 명의 직원이 일하고 있는 유명 글로벌 브랜드에서 오퍼레이션 분야의 임원이다. 그는 복잡한 업무를 단순화시키는 재능이 있으며, 현재의 어려운 상황을 도전적으로 극복하는 것으로 유명했다. 니키는 자신이 고위 간부직에 오르기까지 5년은 더 걸릴 거라는 것을 잘 알고 있었고, 미래를 향한 수많은 갈래 중에서 다소 예측 가능한 길을 따르고 있었다. 현재 억대 연봉을 받고 있으며 어느 정도의 성공 가도를 달리고 있다고 자부하고 있다. 그러나 아무리 열심히 일해도 그가 바라는 것만큼 승진이 빠르지는 않았다.

니키는 자신의 성공을 위해 더 빠르고 효과적인 방법을 찾고 있었다. 하지만 어떻게 하는 것이 좋을지 확신이 없었다. 낮은 자신감이 그의 발목을 잡고 있었을 수도 있다. 어쩌면 니키의 약점인 발표 능력 때문일지도 모른다. 확실한 것은, 그에게는 아직 할 수 있는 일이 남아 있다는 것이었다.

니키는 100명의 청중 앞에서도 긴장하지 않고 발표하겠다는 구체적인 목표를 세우고 있었다. 무슨 이유인지 청중 앞에서 여유롭게 발표할 자신이 없었다. 성실함, 업무 이해도, 그리고 개개인을 상대로 코칭하는 능력이 출중했지만 프리젠테이션 스킬에서는 능력을 발휘하지 못했다. 어느 날, 드디어 니키가 나에게 손을 내밀었다.

나는 니키의 발표 능력이 향상될 수 있도록 도와주면서 더 큰 그림에 대해 이야기했다. 니키는 최고의 자리에 오르고 싶다고 호소했다. "저는 최고의 자리에 오르기 위해 뭐든지 할 거예요." 그 발언은 니키의 모든 것을 바꾸어 놓았다. 나는 그의 코칭 전략을 프레젠테이션 능력 향상에서 리더십 향상으로 바꾸었다.

먼저, 니키가 업무 중에 말하고 행동하는 모습을 주의 깊게 관찰했다. 사소한 변화를 실현시키려면 그의 전문성이 돋보이도록 새로운 프로필을 찍는 것이 우선일 듯했다. 나는 촬영에 필요한 세부적인 사항을 검토하면서 니키에게 의상을 권했다. "제 생각에는 빨간 재킷을 입는 것이 좋을 것 같아요." 니키의 어두운 올리브색 피부에는 빨간 계열이 훨씬 두드러질 거라고 생각했다.

그러나 니키는 재빨리 쏘아붙였다. "아니요, 그건 아닌 것 같아요." 한동안 침묵이 흘렀다. 자리를 마무리하면서 나는 다시 한 번 물어보았다.

"니키, 촬영을 위해 빨간 재킷을 입는 것은 어떨까요?"

니키는 얼굴을 찡그리며 나의 제안을 다시 거절했다. 이번에는 저속한 말이 나오는가 싶더니, 갑자기 재빨리 손으로 입을 막으며 놀라는 표정으로 말했다. "제가 빨간 재킷을 불편해하는 이유를 알았어요. 저희 부모님은 두 분 다 인도 출신인데, 인도에서는 신부가 빨간 옷을 입어요. 모든 사람의 시선이 신부에게 쏠리게 하려는 것이죠. 제가 빨간 옷을 입기 싫어하는 이유는 사람들이 저를 쳐다보는 게 싫기 때문이에요." 니키는 울상을 지었다. "사람들의 시선에 불편함을 느낀다면 어떻게 최고의 경영진이 될 수 있겠어요?"

'빨간 재킷 사건'은 니키의 변신에 중요한 역할을 했다. 약점의 근원이 무엇인지 깨달은 그날부터 니키의 관점은 완전히 바뀌었다. 자신의 피와 땀, 눈물을 쏟으며 회사에 충성한 끝에 승진을 얻지는 못했지만, 슬퍼할 일은 아니었다. 18개월 후에 그는 다른 대기업의 고위 임원으로 스카웃되었다.

니키의 가족이 이사할 비용도 지급되었고 연봉은 51%나 올랐다. 가장 중요한 점은 니키가 자신감을 얻었고 이제는 그 무엇도 니키의 앞길을 막을 수 없다는 것이었다.

그의 소식을 마지막으로 들은 건 어느 비행기 안에서 주고받은 문자 메시지에서였다. "앞으로 이런 삶에 익숙해질 수 있을 것 같아요!"

니키가 스스로 털어놓기 전까지 몰랐던 불편한 경험에 대한 핵심이 여기에 있다.

"경영진과의 면담을 통해 저에게 투자해 달라고 강력하게 요청하지 않았다면 변화는 생기지 않았을 거예요. 두 번이나 요청한 후에야 받아들여졌어요. 만약 제가 포기했다면 지금의 저는 어떻게 되었을까요?"

니키는 자신의 약점을 깨달았을 뿐만 아니라 자신 있게 자신의 가치를 드러냈다. 게다가 그는 성장할 때까지 멈추지 않았다. 니키의 이야기는 미래 인재들에게 '자신을 드러내는 것을 두려워하지 말라'는 좋은 선례를 남겼다.

니키의 삶: 레드 존 ○○●

"나는 앞에 나서지 않아도 괜찮다."

니키가 레드 존에서 습관적으로 하는 말은 다음과 같다.

∘ "왜 자신감이 없는지 모르겠어."

- "나는 팀에 집중하는 것이 더 중요하다고 생각해."
- "나는 앞에 나설 필요가 없어. 정말 괜찮아."
- "나는 그냥 다른 사람들을 위해 봉사하고 그들을 살피고 싶어."

아래는 레드 존에서 니키의 내면에 숨어 있는 감정과 생각들이다. 당신이 공감하는 표현이 있다면 표시해 보자.

- 숨기 바쁘다.
- 부끄럽다.
- 확실하지 않다.
- 자존감이 약해졌다.
- 틀에 갇혔다.
- 겁이 난다.

- 소심하고 의심이 많다.
- 주목받는 것이 싫다.
- 기대가 부담스럽다.
- 주어진 일만 한다.
- 규정에 얽매여 있다.

당신이 니키와 같은 사람이라면?   ○○●

- 다른 사람들을 위해 행동한다. 니키는 레드 존에서 극단적으로 이타적인 생각을 가지고 있다. 왜 그래야 하는가? 당신은 다른 사람만큼 존경과 사랑을 받고 명예로울 자격이 있다.

◦ 주변인으로 머무르면서 문제를 숨긴다. 니키의 레드 존은 성공하지 않아도 되는 편한 곳이었다. 만약 자신의 외모, 지위, 업무, 비전 등을 신경 쓰지 않는다면, 당신은 편하게 숨는 것에 익숙해질 것이다. 앞서 카리의 그런 존이었던 '나는 완벽하지 않아도 괜찮다'라는 말을 기억해 보면 도움이 될 것이다.

◦ 무의식적으로 '나의 낮은 위상'을 스스로 인정한다. 누군가의 리더로 성장하기 위해서 능동적이 아니라 수동적이 되어야 한다고 주장하는 사람이 있을까? 이는 팀원들에게 자기소개 방식에서부터 연봉을 협상하는 방식에 이르기까지 평생 기회를 놓치고 살라는 말밖에 되지 않는다. 개인적인 생활도 마찬가지다.

◦ 상사와의 관계가 불편해진다. 조직에서 적응하지 못하는 일부 지원들은 종종 무의식적으로 권력과 통제를 동일시한다. 타인의 지배적인 행동을 경험해 왔던 사람들은 정서적으로 안전하지 않은 환경에 처해 있었을 가능성이 높다. 이들은 지배적인 권력자들 앞에서도 건강한 관계를 유지하는 방법을 다시 생각해 봐야 한다.

니키의 삶: 그린 존

"세상은 내 능력을 필요로 하고 있다."

다음은 니키가 그린 존에 있을 때 들을 수 있는 말이다.

- "저는 할 수 있습니다."
- "오래 기다릴 시간이 없어요."
- "이제 더 이상 지체할 수 없습니다."
- "어깨를 누르던 짐이 없어진 것 같네요."
- "당신은 정말 유능한 사람입니다."

다음은 그린 존에 있는 니키 뒤에서 방출되는 에너지다.

- 추진력
- 충만한 자존감
- 의구심 해결
- 더 큰 목적을 추구
- 모험
- 충만한 감정
- 조용한 자신감
- 무조건 사과하지 않음
- 침착함과 목적 의식
- 진정성
- 명확한 목적

뒷 이야기: 니키와의 대화

Q. 자신감을 되찾았던 순간을 설명해 주실 수 있나요?

A. 빨간색 재킷을 입을 때였어요. 그 사건을 통해서 저의 잠재의식이 깨어났고 제 삶의 돌파구를 찾았어요. 저를 붙잡고 있던 족쇄가 풀렸죠.

Q. 당신의 가장 큰 장애물이 고정 마인드셋이라는 것을 깨달았을 때 기분이 어땠나요?

A. 마치 베일이 걷힌 것 같았고, 앞이 또렷하게 보였어요. 나에 대한 문제는 스스로 통제할 수 있고 바꿀 수 있다는 것도 알게 되었죠. 시간은 걸리겠지만 변화의 주체는 바로 저라는 것을 알았어요.

Q. 스스로에 대한 생각을 바꿨을 때 기분이 어땠나요?

A. 신기하면서도 동시에 두려웠어요. 제가 변화의 주체라는 것은 좋았지만, 두려워서 열고 싶지 않았던 문을 열게 된 거죠. 처음에는 극복해야 할 산을 넘어야 했어요. 해야 할 일에 조금 압도당해서 걱정도 했고요. 그래도 곧 새로운 상황에 적응했어요. 아직도 제가 해낼 수 있었다는 사실에 놀라요. 하지만 거기서 멈추지 않고 1분의 시간도 그냥 허투루 흘러가지 않게 노력하고 있어요. 항상 스스로에게

동기부여를 해야 해요. 가끔은 주춤거리지만, 저는 매일 더 강해지는 것을 느껴요.

Q. 내면의 힘을 알게 되었을 때 어떤 느낌이었나요? 아직도 자신에게 갇혀 있는 사람들에게 한마디 해 주세요.

A. 드디어 주도권과 책임감을 가지게 되었는데, 새로운 경험이어서 조금은 무서웠어요. 지금까지 저는 스스로 만들어 낸 틀 안에 갇혀 있었고, 어느 정도 편하기도 했어요. '니키'라는 사람의 사용 설명서를 이미 파악하고 있었기 때문이죠. 하지만 아직까지는 스스로에 대한 신뢰를 쌓아 가는 과정 같아요. 혹시 실수를 하면 다시 되돌리려고 노력해요. 예전 방식으로 돌아가려는 제 모습을 보면 정신줄을 다시 잡으면서 마음을 새롭게 합니다.

Q. 연봉이 51%나 인상되었다는 소식은 매우 놀라웠습니다. 당신은 다른 분들에게도 그들의 삶이 바뀔 수 있도록 조언했잖아요. 그런 과정이 왜 중요할까요?

A. 저에게는 세 명의 멘티가 있어요. 그들의 멘토로 추천받았을 때 정말 영광스럽게 느껴졌죠. 멘티 중 한 명은 제 직함 때문에 처음에 저를 만나는 것이 떨렸다고 해요. 하지만 이제는 저와 대화하기 편하다고 하더라고요. 멘티들이 직함 때문에 저를 어려워하지 않아서 좋았지만, 그들과의 만

남은 다른 사람들이 저를 어떻게 보는지 깨닫게 된 계기가 되었어요. 저의 위상이 변했다는 사실을 알게 되었죠.

Q. 지난 몇 년 동안 살면서 배운 것에 비추어 볼 때, 미래의 인재들에게 전해 주고 싶은 교훈은 무엇인가요?

A. 자신의 가능성을 스스로 평가절하하지 마세요. 목표에 도달하지 못하게 막는 유일한 적은 바로 자신이라는 것을 명심하세요. 그리고 나 자신은 가장 친한 친구이자 가장 큰 지원자라는 것도 중요해요. 목표로 하는 성과를 얻을 수 있도록 스스로 마음을 가다듬어야 한다는 점을 강조하고 싶습니다.

#앞으로_나서는_자신감 #나의_빨간_자켓은_무엇인가?

로고의 의미

깃털은 더 높이 솟아 오르라는 의미를 지니고 있다. 더 높이 올라서 땅에 있는 사람들이 보지 못하는 더 큰 그림을 보아라. 당신은 날개를 달고 하늘을 날 때마다 새로운 경험이 보내는 초대장을 받게 될 것이다. 높은 곳에서 보면 세상이 얼마나 다르게 보이겠는가?

혼돈을 뚫고 그 위를 날아 보라. 니키의 상징은 초대장이다. 초대장은 당신이 절대 혼자가 아니라는 증거이기도 하다. 깃털의 상징을 실생활 속에 적용해 보자. 자신의 수많은 생각에 연결시켜 보자. 이 로고는 아발린과 다르샤의 여정과도 연관되어 있다. 더 높이 오르는 것은 우리에게 또 다른 시야를 선사하며, 인류의 아득한 희망이다.

정리 노트

명심해야 할 사실

◦ 나는 그림자처럼 살기 위해 태어난 것이 아니다.
◦ 힘과 권력은 나쁜 말이 아니다.
◦ 이 세상은 나를 필요로 한다.
◦ 나는 세상 속에서 빛나도 괜찮다.

힘이 되는 노래

◦ 클로이 앤 할리Chloe and Halle, 제이다그레이스Jadagrace, 자넬 모네Janelle Monáe, 켈리 클락슨Kelly Clarkson, 켈리 롤랜드Kelly Rowland, 레아 미셸Lea Michele, 미시 엘리엇Missy Elliott, 젠다야Zendaya - This Is for My Girls
◦ 비욘세Beyoncé - Run the World

- 나타샤 베딩필드Natasha Bedingfield – Unwritten
- 엘리샤 키스Alicia Keys – Superwoman

활력소가 되는 영화와 책

- 《누구도 멈출 수 없다: 여성의 삶이 달라져야 세상이 바뀐다The Moment of Lift: How Empowering Women Changes the World》, 멜린다 게이츠Melinda Gates 저
- 《어머니처럼 싸워라: 총기 규제 반대에 맞서는 민중의 시위와 여성들이 세상을 바꾸는 이유Fight Like a Mother: How a Grassroots Movement Took on the Gun Lobby and Why Women Will Change the World》, 새넌 왓츠Shannon Watts 저
- 《때는 지금이다: 용기에 호소하다The Time Is Now: A Call to Uncommon Courage》, 조앤 치티스터Joan Chittister 저
- 《그녀들 이야기: 미국을 변화시킨 여성들Her Story: A Timeline of Women Who Changed America》, 샬롯 S. 웨이즈먼&질 S. 티에젠Charlotte S. Waisman & Jill S. Tietjen 저

치유에 도움이 되는 것들

- 세이크리드 마운틴 오일 – 목소리를 내는 것에 대한 두려움에서 벗어날 수 있도록 도와준다.
- 베르가모트Bergamot – 태양 플렉서스 기본 오일이다. 정신을 또렷하게 하고 기본에 충실하도록 도와준다.

- 로마 카모마일 – 영혼과 육체의 신성화에 도움을 준다.
- 전나무와 바질의 만남 – 신체, 정신, 영혼을 혼미하게 하는 요소를 해독하고 깨끗하게 해 준다.
- 카시아 – 행복감을 촉진한다.
- 꽃 추출물: 장미 에센스 – 장미는 가장 많이 사용되는 꽃 중 하나다. 지적인 사랑, 영혼의 사랑, 평화와 고요, 사랑에 대한 최고의 헌신, 신뢰, 순수한 치유 등을 선사한다.

✦ 니키가 빨간 재킷을 입은 순간을 어떻게 생각하는가? 당신은 눈에 띄기를 주저한 적이 있는가? 당신만의 빨간 재킷을 입은 순간이 있었는가?

_____

_____

_____

_____

✦ '지금 이 시간은 나 자신과의 신뢰를 쌓는 연습의 시간이다'라는 문구는 당신에게 어떤 의미로 다가오는가?

_____

_____

_____

_____

✦ 당신이 읽은 내용을 바탕으로 이번 주에 꼭 새롭게 시작해야 할 행동은 무엇인가?

_____

_____

_____

_____

3장

최강의 멘탈은 기회를 만든다

당신 감정의 본질을 이해하라

여러분은 각기 다른 사연과 어려움이 있었으나 슬기롭게 극복한 사람들의 이야기를 살펴보았다. 이제 한 걸음 물러서서 그들의 큰 그림을 살펴볼 시간이다.

각 인물들의 의식의 흐름을 떠올려 보자. 지금까지 소개했던 레드 존과 그린 존, 그리고 정리 노트에 있는 목록들은 여러분의 삶에서 영감이 필요할 때 참고하면 된다. 중요한 것은 한 번에 한 단계씩 실행하는 과정이다. 작은 행동 하나가 큰 영향력을 가져다 줄 수 있다. 당신에게 가장 큰 울림을 준 사람의 이야기부터 마음에 새기자. 나머지는 나중에 활용해도 좋다.

그린 존의 사고방식이 당신의 마음 깊숙이 뿌리내릴 때까지 활용하라. 그리고 변화된 사고방식이 습관이 될 때까지 계속 노력하라.

앞에서 언급한 인재들의 이야기는 모두를 위한 것이니 다른 사람들과 공유하길 권한다. 자신의 내면에 숨쉬고 있는 '밀림의 왕 사자'를 발견하고자 하는 모든 예비 인재들에게 해당된다. 당장 혼자서는 어떤 깨달음을 얻기 쉽지 않겠지만, 서로 모여서 의견을 나누다 보면 결국 당신 내면의 힘을 발견할 수 있을 것이다.

나는 여전히 타인에게 기대고 있다 ○○●

가브리엘라는 내가 아끼는 후배이자 나와 가장 가까운 동생이다. 나는 그를 가비라고 부른다. 지금까지 소개된 사람들 중에 나와 가장 가까운 사람이다. 내가 힘들 때면 가비는 언제나 선뜻 도와주며 눈물을 닦아 주고, 내가 어려움에 직면할 때마다 응원해 주었다. 내가 이 책을 마감하고 있을 때, 가비는 나에게 중요한 조언을 해 주었다. 바로 '비즈니스 업무와 개인적인 삶은 다르게 보아야 한다'는 것이었다. 앞에서 언급된 인재들의 이야기는 비즈니스 업무에만 국한된 것이 아니다. 가정에서도 언제든지 다른 형태로 나타날 수 있다.

나는 4년 전에 예정에 없던 재혼을 했다. 젊었을 때 이혼한 이후 아무도 내 마음의 문을 두드리지 않았다. 그러던 어느 날, 나를 보호하기 위해 만들어 놓은 두꺼운 보호막을 뚫고 내 가슴 깊은 곳을 울리는 남자를 만났다. 이제 나의 가족은 내 딸 헤더와 재혼한 남편의 아들과 딸, 그리고 손녀, 증손녀들이다. 나는 태어나서 처음으로 무조건적인 사랑이 무엇인지 알게 되었다. 새로운 가정은 내 마음속에 꽃을 피울 수 있는 공간이 되어 주었고, 이제 나는 마음이 편안해졌다. 새 남편인 피터는 나보다 나이가 훨씬 많지만 마음은 더 젊다. 남편은 나에게 어려움이 닥치면 직접 자신의 경험을 들려주곤 했다. 그리고 나에게 상담을 요청했던 이들의 숨겨진 메시지를 분석해 주었다. 그는 우리의 삶을 시트콤처럼 편하고 가볍게 느끼길 바랐다. 나는 남편에게 어떻게 하면 사람들에게 나의 감정을 드러내지 않고 부드럽게 조언해 줄 수 있는지 묻곤 했다. 특히 가비의 사연을 들었을 때 그랬다.

지금까지 많은 이에게 조언을 해 주던 나였지만, 나 역시 결코 완벽하지는 않았다. 내가 태어나서 처음으로 직접 산 자동차인 지프 랭글러는 아주 듬직하게 생겼다. 나와 남편은 나의 터프한 자동차 취향에 대해 함께 웃으면서 이야기하곤 했다. 그런데 당시 내 차에 상당한 애정을 가지고 있었음에도 불구하고, 또 다른 차가 내 눈에 들어왔다. 그 차가 지나갈 때면 넋을 잃고 쳐다보곤 했고, 어쩌다가 그 차가 주차된 것을 보면 너무 부러워서 한숨을 쉬곤 했다. 내 딸은 그런 내 모습을 안쓰럽게 바라보았다. 남편도 이윽고 나의 속사정을 알게 됐고, 중고차라도 알아보자고 선뜻 권했다. 원하는 것을 가질 수 있다니, 어린 아이처럼 마음이 들뜨기 시작했다. 나는 가비가 옆에 있는 것도 잊고 큰 소리로 외쳤다. "농담이지?!"

2017년 어느 월요일, 남편은 내가 원하는 차가 중고로 팔리고 있다는 소식을 들었고 우리는 시승을 하러 가기로 했다. 자동차 대리점에서 얼마 기다리지 않아 바로 시승을 할 수 있었다. 자동차 시승은 너무 즐거웠다. 마치 꿈속에 발을 들여놓는 것 같았다. 예전에 무심코 로또에 당첨된다면 바로 그 차를 구매할 것이라고 말한 적은 있어도 직접 시승할 생각은 하지도 못했다. 우리가 시승해 본 모델은 가격, 마일리지, 관리 상태 등 우리가 찾던 모든 조건을 갖추고 있었다. 단 하나, 차량 내부 및 외부 색상이 낙타와 비슷한 갈색이라는 점은 별로였다. 이상했다. 평소에는 이 차를 생각하기만 하면 눈물이 날 것 같았는데, 원하는 색이 아니라는 이유로 마음이 식는 기분이었다. 나는 남편과 상의하면서 몇 번이나 구매를 망설였다. 헤더에게 조언을 구하고 싶어졌다.

친구에게 전화해서 상의하고 싶어 하는 내 버릇은 주차장에서 말다툼으로 번졌다. 남편이 말했다. "당신은 스스로 생각하는 법을 배울 필요가 있어요. 왜 다른 사람들의 의견이 필요한 거죠? 왜 당신의 생각을 믿지 않는 거예요?"

맞는 말이다. 아이러니하게도 그 말은 내가 강연 중에 항상 이야기하는 내용이었다.

남편은 '차를 고르는 것은 개인적인 취향에 따른 결정'이라며 내 의견이 중요하다고 말했다. 나는 혼란스러웠다. 그토록 내가 원했던 차였지만 색깔 때문에 망설여졌다. 얼마 전에 남편이 농담으로 "여성과 차 색깔은 어떤 관계라도 있는 걸까요?"라고 물었던 것이 떠올랐다.

남편이 갈색을 좋아한다는 걸 알고 있었지만 나는 갈색이 마음에 들지 않았다. 그를 기쁘게 해 주고 싶다는 마음과 결정을 후회할까 봐 두려운 마음이 다투고 있었다. 여러분도 이런 적이 있었는지 묻고 싶다. 48세였음에도 불구하고, 나는 그의 허락을 받고 싶었다. 결국 남편과 나는 여전히 결정을 내리지 못하고 좀 더 알아보기로 했다.

이틀 후, 200마일 떨어진 중고차 숍에서 내가 좋아하는 그 차를 발견했다. 짙은 파란색의 아름다운 외관과 크림색의 멋진 인테리어가 맘에 들었다. 마일리지와 사양은 우리가 생각했던 것과 일치했고, 운송비도 저렴했으며, 관리도 잘 되어 있었다. 눈물이 날 정도였다. 빨리 남편에게 보여 주고 싶었다. 집에 돌아온 남편에게 말하자 그는 재빨리 휴대전화로 웹사이트를 확인했다. 하지만, 그는 그 차가 자신이 좋아하는 색이 아니라고 말하며 내 의견을 무시하고는 자리를 떴다.

나는 너무 화가 났다. 얼음물을 온몸에 뒤집어 쓴 것 같았다. 그 순간, 문득 스스로 느끼는 감정에 깜짝 놀랐다. 무력감이었다. 나는 앞에서 이야기한 인재들의 이야기를 집필하며 무력감을 느낄 때의 상황을 누구보다도 잘 알고 있었다. '뭐야, 킴벌리? 너 왜 이래?' 나 자신에게 따지고 싶었다.

한 시간 후에, 다른 중고차를 알아보자며 남편에게 전화가 왔다. 나는 스스로에게 조용히 무언의 메시지를 보냈다. '계속해서 찾아 볼까? 내가 원하는 차를 가질 기회를 놓는 게 맞을까?' 혼란스러웠다. 월요일에는 분명히 나의 선택을 믿으라고 했으면서 그는 왜 내가 원하는 것을 무시했을까? 그의 행동을 어떤 메시지로 받아들여야 할까? 그대로 받아들여야 하는 것인가?

선택을 해야 했다. 내 의견이 중요하지 않다는 것을 받아들이거나, 내 의견을 명확하게 말하거나. 타인의 허락과 승인을 바랐던 가비의 예전 사연을 통해 어떤 결과가 도래할지 예측이 가능했다.

남편은 그날 집에 늦게 돌아왔다. 나는 시트콤을 보듯이 자동차에 관련해서 객관적으로 이야기할 수 있는지 물었다. 그는 동의했다. 나는 그에게 인재들의 이야기를 정리한 것을 보여 주었다. 그리고 지금 나의 상황이 다른 사람의 승인과 허락을 받고자하는 가비와 유사한지 물어보았다. 나는 가비의 레드 존에 갇혀 있는 것 같았다. 평소에 남편이 내 의견을 신뢰하고 있다는 확신은 있었지만, 자동차로 인한 의견 충돌 과정은 나를 당황스럽게 했다.

성격이 밝고 헌신적인 남편은 나의 설명을 진지하게 받아들였다. 그리고 나와 생각을 나누기 위해 노력하겠다고 말하며 비로소 자신의 생각을 털어놓았다. 그는 거리가 먼 곳에서 차를 사는 노력에 비해 좋은 결과가 나올지 의문이 들었다고 했다. 남편의 침묵이 아내의 입장에서는 자신의 의견을 무시당하는 느낌이라는 것도 알게 되었다고 말했다. 마침내 이런 대화를 할 수 있어서 얼마나 고마웠는지. 만일 이 이야기를 꺼내지 않았다면 아마 나는 가비처럼 타인의 허락을 기다리는 나쁜 습관 속에 또다시 갇혔을 것이다.

"꼭 기억해야 할 것이 두 가지 있어요, 킴벌리." 그가 말했다. "첫째, 자신이 잘못 생각한 것에 대해 이야기를 하지 않으면 대부분 바로잡을 기회조차 없어요. 둘째, 당신은 다른 사람들과 함께 생각하고 의견을 받아들이는 연습이 적었다고 생각해요. 하지만 지금은 상황을 다르게 볼 수 있을 만큼 자신에 대한 확신이 있는 것 같아요. 의견이 다른 사람들과의 대화도 편안해하는 것 같아서 다행이네요." 그는 내게 키스하려고 몸을 숙였고, 나는 동의하며 고맙다는 뜻으로 고개를 끄덕였다.

"피터, 지금 우리의 대화는 매우 중요해요. 다른 의견을 가진 사람과 생각을 좁혀 나가는 과정을 배우는 것 말이에요. 자신의 의견을 다른 사람들에게 이성적으로 표현할 수 있어야 대화를 통해서 변화의 기회가 생기고, 다르게 생각하는 사람들로부터 배우기도 하면서 그들을 가르칠 수 있고요. 가비처럼 타인에게 먼저 확인받아야 한다는 고정 마인드셋과 싸우는 것은 인생의 큰 도전이에요. 허락을 구하려는 태도는 미래의 성장에 큰 장애물이 되니까요."

그는 잠시 침묵했다가 장난스럽게 말했다. "우리 딸 헤더가 왜 그렇게 자주 전화해서 조언을 구하는지 알아요? 아마 엄마한테 배웠을 거예요."

남편은 큰 의미 없이 말한 거겠지만, 나는 정신이 혼미해졌다. 내 딸이 어떻게 나의 안 좋은 습관을 그대로 배웠다는 걸까? 그동안 내 자녀에게도, 다른 사람들에게도 도움이 되지 않는 습관으로 자랑스럽게 강연하고 있던 것일까? 나는 세상 누구에게도 말하기 부끄러운 나의 습관을 그대로 받아들여야 하는 것인가? 이렇게 계속 침묵하고 있으면 나의 습관은 자연스럽게 고정 마인드셋으로 바뀌는 것인가?

하지만 나의 안 좋은 습관 이면에는 뭔가가 있을지도 모른다는 생각이 문득 들었다.

바로 두려움이다.

내가 타인에게 허락받는 습관, 타인에게 인정받기 위해 노력해 온 습관의 이면에는 두려움이라는 또 다른 존재가 자리 잡고 있었다. 두려움은 내가 어떤 결정을 내릴 때마다 항상 좋지 않은 경험을 떠올리게 했고, 어떠한 일을 할 때마다 결과를 망칠 수도 있다는 불안을 수면 위로 밀어 올렸다.

여러분은 이런 원인 모를 두려움이 생각을 방해한 적이 있는가? 지금까지의 이야기를 짚어보며 생각해 보자.

○ 완벽하려고 했던 카리의 행동은 주위에서 불만을 수근대는 것에 대한 두려움 때문이었을까?

- 모든 사람의 요청을 들어주려 했던 라니의 열정은 누군 가를 실망시키는 것에 대한 두려움 때문이었을까?
- 타인의 허락을 구하려 했던 가브리엘라의 모습은 누군가 의 반대, 혹은 기대에 부응하지 못할 것 같은 두려움 때문 이었을까?
- 타인의 의견을 그대로 받아들이던 다르샤의 모습은 잘못 혹은 또는 실수에 대한 두려움 때문이었을까?
- 자신에게 자격이 없다고 생각하던 아발린의 모습은 자신 의 부족함이 드러나지 않을까 하는 두려움 때문이었을까?
- 시키는 일을 열심히 해서 보상을 받고 싶었던 젤릴라의 순수한 바람은 자신의 역량에 대한 뿌리깊은 두려움 때문 은 아니었을까?
- 대중 앞에 나서는 것을 싫어하던 니키의 모습은 자신에 대한 두려움에 뿌리를 두고 있는 것일까? 그는 거절당하는 것이 두려웠을까? 카리의 경우처럼 그 역시 자신이 완벽하 지 않다는 것을 누군가가 알게 될까봐 두려웠던 것일까? 아 니면 자신에게 관심이 쏠리는 것이 부담스러웠을까?

이들이 어려움을 호소했던 '레드 존'의 시작은 완벽을 추구하 려는 카리의 이야기부터 시작된다. 그리고 그 '레드 존'은 스스로 의 역량이 이미 충분하다는 자신감으로 끝이 난다. 이들의 이야 기는 다름 아닌 바로 우리들의 이야기다.

그들의 자신감과 내면의 힘에 대한 이야기는 시작과 끝이 미리 정해진 시나리오가 아니다. 그들 각각의 사고방식이 서로 연결되어 거미줄처럼 끈끈한 관계를 이루고 있다. 그들이 레드 존에서 느꼈던 감정이 지금 당신에게 나타난다면, 당신에게 있는 나쁜 습관들이 당신을 지속적으로 실패의 나락으로 빠지게 만들 것이다. 그리고 내면의 초조함과 불안함이 계속해서 당신에게 경고를 보낼 것이다.

그러나 우리가 의식적으로 용기 내어 그린 존의 삶을 선택한다면, 우리는 용기 있게 살아가는 진정한 모습으로 성장하게 될 것이다. 때로는 레드 존과 그린 존 사이를 계속 돌겠지만 그린 존을 향한 과감한 선택은 미래를 밝게 비추고 성장하게 할 것이다.

매일매일, 매 순간의 갈림길에서 어떤 미래를 선택할지는 스스로에게 달려 있다. 당신은 어떤 길을 선택할 것인가?

의도의 힘 ○○●

이 부분을 읽기 전에, 눈을 감고 천천히 깊은 숨을 세 번 쉬세요. 천천히 숨을 쉴 때, 우리의 몸은 안전하다고 생각하고 안정을 취합니다. 자신의 메시지를 더 명확하게 들을 수 있도록 긴장을 풀고, 자신에게 어떤 사람의 이야기가 가장 크게 와닿는지 솔직하게 물어보세요. 그리고 그 이야기를 명심하면서 다음 부분을 읽어 보세요.

의도란 우리가 무엇인가를 말하거나 행동할 때 그 이면에 존재하는 에너지를 말한다. 즉 의도는 선택 뒤에 숨은 무언의 욕구다. 예를 들어, 두 사람이 같은 행동을 한다고 해도 한 사람에게는 옳은 의도가 될 수 있으나 다른 사람에게는 옳지 않은 의도가 될 수 있다. 의도는 아주 작은 미묘한 차이에서부터 시작하기 때문에 사람들은 타인의 말이나 행동이 주는 메시지에 혼란스러워한다.

의도는 마치 투병 중인 사람에게 주는 작은 초콜릿 한 조각처럼 사소하게 다가온다. 만약 우리가 기분 전환을 위해서 초콜릿을 먹는 것이라면 아무 문제 없다. 오히려 건강에도 좋다. 하지만, 만약 어떠한 감정을 진정시키기 위해 초콜릿을 먹고 있다면 그 결과는 완전히 다르다. 겉보기에는 비슷하지만 전혀 다른 의미를 지니고 있는 것이다.

이런 일도 있을 수 있다. 살다 보면 아픈 가족을 돌봐야 한다는 압박감에 직면한다. 그 대상은 장애아동일 수도 있고, 질병이 있는 배우자일 수도 있고, 부모님일 수도 있다. 이런 상황에서는 누구나 타인에게 도움을 요청하는 데 죄책감을 느낀다. 자신이 직접 간호를 해야 한다는 강박 관념이 꿈틀대는 것이다. 여기에 라니(나는 모두를 만족시켜야만 한다)와 카리(나는 완벽해야 한다)의 레드 존까지 더해지면, 당신은 힘든 삶 속으로 가는 지름길로 들어서는 것이다. 그럴 때일수록 명확하게 자신의 입장을 이야기해야 한다. 주위에 도움을 요청해도 괜찮다.

　죄책감에 굴복하지 말고, 왜 도움을 청해야 하는지 자신에게 솔직하게 물어보자. 만약 자신이 정말로 감당할 수 없고 나의 건강과 삶에 해를 끼치고 있기 때문이라면 도움을 요청해야 한다. 도움을 요청하는 원동력은 그 뒤에 숨은 본질을 이해하는 데 있다. 말과 행동 뒤에 숨은 본질을 깊이 이해하는 것이 결단의 중요한 열쇠다.

　어떤 사람들은 왜 '인재들의 이야기'가 이 책의 제목이 아닌지 궁금해한다. 답은 간단하다. 이 책이 전달하고자 하는 메시지는 나를 새롭게 인식하고, 그런 존을 선택하고, 나의 깊은 곳에 자리 잡고 있는 힘을 발견하는 것이기 때문이다. 인재들의 이야기 속에 있는 주인공들은 작은 선택을 통해서 소극적으로 살던 과거의 삶을 사자의 '포효' 같은 현재의 삶으로 바꾸었다. 머뭇거리는 것은 아무에게도 도움이 되지 않는다.

　인재들의 이야기는 세상을 다르게 볼 수 있는 방법을 제시한다. 몇십 년 후, 이 책을 읽고 있는 미래의 인재들이 주인공이 될 때에는 본받고자 하는 인재상이 달라질 수도 있다. 하지만, 미래에도 과거의 이들이 전하고자 하는 핵심 메시지는 영원할 것이다.

✦ 당신을 무기력하게 만드는 말이나 행동에 힘들어한 적이 있는가? 실제로 그 결과는 어떠했는가? 그때 당신에게 있는 내면의 힘을 테스트해 보았는가? 이런 상황에 어떻게 대처하겠는가?

_____

_____

_____

_____

✦ 인재들이 머물렀던 레드 존에는 어떤 두려움이 존재했을까? 비슷한 두려움이 여러분의 생활 중에 나타난 적이 있는가? 당신이라면 어떻게 극복할 것인가?

_____

_____

_____

_____

우아하게 실패하는 법

인재들의 이야기를 알기 오래 전부터 나는 생존을 위해 싸우고 있었다. 하지만 그때는 아무것도 몰랐으며, 살아가느라 항상 바빴다. 내가 어릴 때 상상했던 꿈들은 거의 뜻대로 되지 않았다. 나의 소망을 이뤄줄 수 있는 매력적인 왕자님을 찾지 못한 탓일까? 언제부터인가 영화에 나오는 '행복한 삶'은 나에게 성스러운 것이 되었다. 내가 길을 잘못 들은 것일까? 나에게 무슨 문제라도 있나? 혼란스럽고 당황스러웠다. 엄마의 삶을 되돌아보았다. 엄마는 왜 왕자님을 찾지 못했을까? 할머니 때도 우리가 꿈꾸는 왕자님은 없었을까? 그러나 곧 이런 질문들이 필요 없다는 것을 깨달았다. 열심히 노력하면 누구라도 멋진 인생을 보낼 수 있다는 확신이 생겼다.

새시테일즈의 탄생

우리 가족은 나에게 많은 것을 바라고 있었다. 그러나 상황은 그 어느 때보다 힘들었다. 2002년, 나는 유명한 컨설팅 회사 및 대기업들과 교육 파트너십을 체결했다. 덕분에 출장을 자주 가게 되었지만 가족들이 힘을 합쳐 나의 빈자리를 잘 극복해 냈다. 해가 거듭될수록 사랑스러운 딸 헤더는 잘 자라고 있었다. 헤더가 네 살이 되었을 때, 나의 생활은 더 이상 아이를 가질 수 없을 만큼 바쁘고 정신 없었다. 그래서 딸과 함께하는 매 순간이 더욱 소중해졌다.

헤더가 초등학교 3학년이 되던 날이 아직도 어제의 일처럼 생생하다. 그날 아침은 매우 힘들었다. 헤더를 학교에 보내기 위해 머리를 뒤로 넘겨 주었는데 헤더는 단호하게 거부했다. "엄마, 머리띠를 하면 너무 추워요." 나는 머리띠를 대신할 만한 것을 찾아보았지만 마땅히 대신할 도구가 없었다. 우리 가족의 아침을 평화롭게 할 대안을 찾겠다는 간절함으로, 포니테일 홀더와 긴 리본으로 간단한 액세서리를 만들었다. 헤더는 매우 만족해했으며 그 액세서리를 '새시테일'이라고 불렀다. 멋진 느낌을 주는 꼬리가 있었기 때문이다. 나는 그날의 그 작은 변화가 어떤 결과를 가져올지 알지 못했다.

헤더가 액세서리를 하고 나타나자 학교 친구들이 환호하며 갖고 싶다고 조르기 시작했다. 나는 주말 내내 헤더의 친구들에게 나누어 줄 액세서리를 만들어야 했다. 더 놀라운 것은 다른 엄마들까지 나에게 전화를 걸어 액세서리를 구해 달라고 요청하기 시작했다는 것이다. 심지어 헤더와 내가 어디를 여행하든, 사람들은 우리를 길거리에 세워 놓고 헤더의 액세서리에 대해 물었다. 그 후 지역 치어리더 팀에서 주문 요청이 들어왔을 때, 헤더는 자신만의 사업 아이디어를 제안했다. "엄마, 저한테 좋은 생각이 있어요. 우리 함께 사업을 시작해요. 그리고 사업 이름은 '새시테일즈'라고 불러요." 딸의 말로는, 우리가 함께 사업을 시작하면 더 많은 시간을 함께 보낼 수 있고 내가 출장을 갈 필요도 없을 거라고 했다. 헤더는 부사장을 할 거라며 자랑스럽게 말했다. 그러나 이 이야기를 들은 주위 사람들은 나에게 미쳤냐며 비아냥거렸다. "정말 소름이 돋는 아이디어네요"라면서. 그러나 나는 헤더를 믿었다. 직장에서 풀타임으로 일하면서 한편으로 헤더와 함께 작은 회사를 차렸고, 식탁을 생산 라인으로 이용했다.

조사해 보니 미국에서만 한 해 5천만 달러가 넘는 포니테일 홀더들이 팔리고 있었다. 문득 비즈니스 아이디어가 떠오르기 시작했다. 여학생들을 가장 아름답게 만들어 줄 수 있는 회사를 만들면 어떨까? 헤더와 내가 여학생들의 미래를 멋지게 만들 수 있다는 비전을 보여 줄 수 있을까?

2004년 여름, 사우스 캐롤라이나에 있는 머틀 비치의 키오스크에서 우리의 생각을 시험했다. 나는 이 테스트 결과가 헤더와 오랫동안 함께할 시간을 보장해 주고 헤더가 찬란한 비전을 품을 수 있도록 도와주리라 믿으면서도, 한편으로는 비즈니스의 지속성 측면에서 그다지 매력적이지 않을 수도 있겠다는 생각이 들었다. 그러나 나의 생각이 틀렸다! 전국의 많은 주부가 우리와 같은 고민을 하고 있다는 것을 알게 되었다. 사람들은 7살 부사장과 모녀 사업가 팀에 영감을 받았다. 여름이 끝날 무렵, 나는 과감한 선택을 했다. 나는 헤더에게 새로운 모험을 선사하리라 다짐했고, 꿈은 이루어질 수 있다는 것을 보여 주고 싶었다.

그해, 우리는 공식적으로 새시테일즈를 출범시켰다. '자신을 표현하는 방식'이라는 슬로건에 맞춰서 예쁜 액세서리를 좋아하는 여학생을 타겟으로 판매하는 것이 목표였다. 새시테일즈는 기존의 20개 매장을 중심으로 판매하던 방식에서 벗어나 100개 이상으로 판매 점포를 늘리면서 성장해 갔다. 우리 제품은 애틀랜타, 시카고, 댈러스, 로스앤젤레스까지 뻗어 나갔다. 누구나 비전을 꿈꾸며 행동하면 삶이 얼마든지 바뀐다는 것을 새시테일즈의 성장이 증명해 주고 있었다. 나는 사업을 더욱 확장할 수 있도록 투자자를 찾기 시작했다. 그 당시에는 인터넷이 막 보급되던 시기였다. 사업이 성장할 수 있는 유일한 방법은 소매업자들에게 제품을 판매하는 것이었다.

무역 박람회가 끝난 후, 우리 제품에 대한 관심과 주문량은 더욱 커졌다. 우리 두 사람의 월급을 남길 수 있을 정도로 수익성이 확대되기까지는 시간이 걸리기 때문에 투자자를 찾는 것이 매우 중요했다. 당시 남편은 기한을 정해 주었다. 어느 기한까지 투자자를 찾지 못하면, 이 말도 안 되는 생각을 포기하고 따박따박 월급을 받을 수 있는 일자리를 찾으라고 조언했다.

몇 달 동안은 별다른 성과가 없었다. 경제적인 것들을 비롯한 여러 가지 이유로 인해 사업을 그만두라는 가족들의 압박이 가중되고 있었다. 나는 오전에는 일자리를 알아보고 오후에는 새시테일즈를 운영했다. 나와 관련된 일은 주도적으로 해결할 수 있었지만, 비즈니스는 내 생각대로 따라오지 않았다. 나는 스스로에게 더 열심히 해야 한다며 채찍질했다. 그리고 2005년 11월 15일, 나에게 주어진 투자 기한의 마지막 날이 도래했다. 그날은 일자리를 지원한 회사에서 최종 면접이 잡혀 있었고 동시에 투자자와의 미팅도 예정되어 있었다. 사실 다 포기하고 취직하고 싶은 마음도 없지 않았다. 그러나 심장은 다른 비전을 향해 뛰고 있었다. 내 영혼은 지쳐 있었고, 회사 운영 문제가 나를 압박해왔지만 투자를 향한 마지막 열정은 불타오르고 있었다.

아침이 밝았다. 오전 10시에 있었던 최종 면접은 회사 이사회 멤버들과 진행되었다. 면접은 잘 끝났고, 내가 적임자라는 것은 분명해졌다. 비록 이사회 이사장은 참석하지 못했지만 다른 이사들이 결과를 대신 전달해 주기로 했다. 면접을 끝내고 나오니 부재중 음성 메시지에서 새시테일을 추가로 주문하겠다는 고객의 목소리가 들려왔다. 너무 혼란스러웠다. 내가 뭘 원하는지 감이 잡히지 않았다. 안정적인 취직인가, 아니면 딸과의 사업인가?

그리고 그날 오후 3시, 새시테일즈 투자자 미팅이 시작됐다. 나는 최선을 다해 내 모든 것을 보여 주었다. 처음에는 한 명의 투자자만 만나기로 되어 있었는데 그 투자자가 다른 분을 초대해서 함께 이야기를 나누게 되었다. 회의는 한 시간 반 동안 진행되었다. 두 남자는 모두 딸이 있었고, 여학생들이 좋아하는 액세서리 회사를 만들겠다는 내 비전에 공감했다. 그리고 함께 온 투자자는 원래 어느 회사의 이사회 회의에 참석하기로 되어 있었는데 지금 이 자리를 위해 불참한 것이라고 고백했다. 나는 비로소 상황을 이해할 수 있었다. 그 사람은 내가 오전에 면접을 봤던 회사의 이사회 이사장이었고, 나는 그가 불참한 이사회의 최종 면접 지원자였던 것이다. 오 마이 갓. 우리는 동시에 놀랐다. "만약 우리가 새시테일즈에 투자한다면, 킴벌리 씨는 우리 회사에 못 오시겠네요." 그가 말했다. 이 무슨 가혹한 우연의 일치인가.

미팅이 끝난 뒤, 차를 몰고 집으로 돌아가 차분히 결과를 기다렸다. 어떤 방향으로 결정되더라도 감사하게 받아들이리라 다짐했다. 오후 6시, 드디어 전화벨이 울렸다. 면접을 통과했다는 기쁜 소식이었다. 그러나 나는 내일 아침에 다시 연락하겠다고 말하고 전화를 끊었다. 솔직히 다른 소식을 바라고 있었다. 남편은 이 말도 안 되는 사업이 곧 끝날 것이라고 안도했지만 나는 계속 희망을 가지고 있었다.

오후 9시, 드디어 전화가 울렸다. 내가 새시테일즈의 규모를 업그레이드하기 위해 요청한 36만 달러를 투자하겠다는 전화였다. 나는 전화를 끊고 감격의 눈물을 흘렸다. 헤더와 나는 꿈이 실현

된 것이 기뻐서 펄쩍펄쩍 뛰었다. 정말 오랫동안 나를 누르고 있던 수많은 억압과 싸워 왔다. 이제 그 무엇도 우리를 막을 수 없었다.

투자, 추진력, 그리고 세상에 도전하는 뜨거운 열정에 힘입어 우리의 사업은 계속되었다. 폭주하는 주문에 대응하기 위해 재능 있는 직원들도 채용했다. 제품은 400개의 상점에서 팔렸고, 얼마 지나지 않아 거래처가 600개로 늘어났다. 밀려드는 수요를 감당하기에 생산 능력이 부족해지기 시작하자, 해외 생산 시설을 확보하고 워너 브라더스*와 디즈니의 소비자 상품 판매 권한을 포함한 신제품 라인업도 확장했다. 헤더는 사업 결정에 참여했던 어린 친구들과 함께 주니어 자문위원회를 창설했다. 나와 헤더 둘 다 여학생들을 위한 회사를 만드는 데 고무되어 있었다. '자신을 표현하는 방식'으로 대표되는 '여학생만의 브랜드'를 구축하기 위해 노력하고 있었다.

초등학교 3학년에 부사장이 된 헤더의 삶이 앞으로 어떻게 변화하고 인생에 어떠한 영향을 줄지 나는 잘 알고 있었다. 헤더는 초등학교 시절의 부사장 역할을 통해 습득한 리더십을 아직도 발휘하고 있다. 그 리더십의 한가운데에 새시테일즈 명함이 있다. 비록 초등학교 3학년이었지만 헤더는 상품 개발에 참여했고, 무역 박람회 부스에서 일했고, 투자자들 앞에서 프레젠테이션도 했

---

* Warner bro.: 미국의 영화사. 방송국, 애니메이션 등의 사업도 함께 하고 있다.

다. 몇몇 사람을 제외하고는 헤더가 예전에 새시테일즈의 부사장이었다는 과거를 절대 말하지 않는다. 왜냐하면 헤더는 이미 그 이상의 역할을 통해서 자신의 세계관을 바꾸었기 때문이다.

꿈이 악몽이 될 때　　　　　　　　　　　　　　○○●

그러나 새시테일즈의 행복은 오래 가지 않았다. 지금도 새시테일즈 사업이 어떻게 잘못되었는지 설명하기는 쉽지 않다. 내가 할 수 있는 유일한 변명은 예상치 못했던 위기가 한꺼번에 왔다는 것뿐이다. 성공과 성장이라는 달콤한 유혹은 우리 같은 중소기업이 거부할 수 없는 수준이었다. 그 당시 나는 꿈에 눈이 멀어서 주위에 도사리고 있던 위험 요소를 볼 수가 없었다. 몇몇 투자자들은 알츠하이머 진단을 받은 것처럼 비즈니스에 심각한 악영향을 미치는 잘못된 결정을 계속해서 반복했다. 또한 악의적인 의도를 가진 투자자 역시 회사의 운영에 그림자를 드리웠다. 2008년, 나는 9개월 동안 회사를 살리기 위해 필사적으로 싸웠지만 결국 경제적으로 더 이상 버틸 수 없었다. 이 책의 서두에 언급했듯이 주유소에서 10리터의 기름을 사기 위해 잔돈을 찾은 적도 있었다. 결국 새시테일즈는 폐업을 선언하면서 2008년이 마무리되었다. 아직 초등학생인 어린 부사장에게 꿈이 이뤄지지 않을 때도 있다고 말해야만 했던 순간은 얼마나 가슴 아팠는지 이루 말할 수 없다. 이전의 삶에서 벗어나려는 나의 시도는 악몽으로 변했다.

나는 생활 속에서 삶의 중요함을 일러 주는 모든 것을 잃었다. 더 큰 충격은 삶에 대한 열정을 잃었다는 것이다. 그 누구도 믿고 싶지 않았고, 심지어 신에 대한 믿음도 멈추었다. 나는 꿈을 포기하고 그냥 살아가는 것으로 내 삶을 체념했다. 나의 이마에는 대문자 F라는 낙인이 찍혔다. 실패^{Fail}의 F. 나는 자신감도, 판단력도, 그리고 다른 사람을 만나고 싶은 욕구도 잃었다. 그저 하루하루를 견뎌내기 위해 해야 할 일을 했고, 소중한 딸의 엄마가 되려고 노력했다.

우울한 나날은 그렇게 흘러갔다.

12살이 된 헤더는 나에게 나이를 뛰어넘는 현명한 질문을 던졌다. "엄마는 왜 현실을 인정하지 않아요?" 딸은 나의 말과 행동이 왜 다른지 묻곤 했다. 헤더의 통찰력과 관찰력 덕분에 내가 딸에게 잘못된 자세를 가르치고 있다는 사실에 충격을 받았다. 이후 멘탈은 많이 나아졌지만 아직도 갈 길이 멀었다.

부모는 자신들이 부모로서 아이들을 올바르게 교육하고 있다고 믿는다. 그러나 그들은 말과 실제 행동이 일치하지 않을 때도 있다는 것을 심각하게 생각하지 않는다. 부모의 말과 행동이 일치하지 않을 때, 아이들에게는 혼란스러움, 공허함, 암울함, 해결되지 않는 질문들이 떠오른다. 그리고 이런 일이 반복될 때, 아이들은 무의식적으로 회피하는 습관이 생긴다. 그 습관은 자연스럽게 사고의 DNA가 되고, 잘못 가르친 결과는 아이들의 삶에 중대한 영향을 미치는 특정한 패턴으로 자리 잡는다. 처음에 언급했던 고기와 프라이팬 이야기를 기억하는가? 100년 동안 지속되어 온 사고방식이 자연스럽게 사고의 DNA에 박혀 있는 것이다. 나라고 해서 예외는 아니다.

나에게 새시테일즈는 독립적으로 비즈니스를 운영하게 된 중요한 기회의 상징이었다. 그러나 사업이 기울면서 선택의 폭이 현저히 줄어드는 것을 지켜본 나는, 현실의 냉혹함이 무척 두렵기만 했다. 나의 노력이 실패했을 때, 어쩌면 이 일을 반대했던 가족들의 생각이 옳았을지도 모른다며 자책할 순간이 두려움으로 엄습해 왔다. 인생은 불합리한 현실로 둘러싸여 있는 것 같았다. 나는 그저 쓴 약을 삼키며 더 나은 삶을 향한 꿈을 포기해야만 했다. '나에게는 내 삶을 주도할 능력이 없다'라는 나약한 고정 마인드셋이 내 영혼을 죽이고 있었다. 마치 지금까지 겪어 온 과거를 반복하게 될 운명인 것 같았다.

나의 어머니는 13년 동안 전업 주부로 일하셨다. 그리고 어느 날 준비도 안 된 채 예기치 않은 직업 세계로 뛰어들었다. 관련 학위를 따기 위해 동분서주하면서 어머니는 자신과 가족을 부양할 방법을 찾으려고 노력했다. 어머니는 이혼 후 몇 년 동안은 사람들을 만나기 싫어 했다. 그가 서른세 살 때 일어났던 그 사건은 37년이 지나 은퇴를 앞두고 있는 오늘날에도 여전히 생각과 행동에 영향을 주고 있다. 나는 지난 세대들의 사고방식에 의해 지배를 받았던 어머니의 삶을 가까이서 지켜봤다. 세상은 어머니에게 타인에게 의지하는 법을 가르쳤다. 삶의 해답을 찾기 위해서는 자신의 바깥을 내다보며 도와줄 사람을 찾으라고 말이다.

나는 어머니를 보며 앞으로 내 삶은 내가 주도적으로 개척해 나가리라 다짐했다. 어머니의 삶은 나의 정신적 모델이었다. 우리의 차이점이라고 한다면 바로 '관점'이다. 생각하는 관점을 바꾸는 것은 삶을 바꾸는 정말 중요한 과정이라는 것을 다시 한번 깨닫게 되었다.

살면서 수많은 도전에 직면했던 사람이라면 아마도 공감할 수 있을 것이다. 가족 사이에 동화처럼 완벽한 추억은 없다. 나는 대학 등록금도 제대로 마련하지 못했고, 더 높은 학위는 꿈도 꿀 수 없었다. 싸우지 않고는 단 한 푼도 얻을 수 없었다. 다른 사람들이 누리는 것을 얻지 못한 불만에 애꿎은 종교와 사회, 규범, 가족을 비난했던 나를 생생히 기억하고 있다. 그러나 '비난은 아무에게도 도움이 되지 않는다'는 것을 배우는 데까지 오랜 시간이 걸렸다. 나는 나 자신과 전쟁 중이었다. 나는 하늘을 향해 소리쳤다. 제발, 헤쳐 나갈 길을 알려 달라고.

내가 들은 대답은 간단했다. "그때는 몰랐지만 지금은 알고 있을 거야. 중요한 건 지금이야. 세상에는 두 가지 선택지가 있어. 하나는 피해 의식에 사로잡히는 것, 나머지 하나는 앞으로 나아가 승리를 쟁취하는 것. 이 두 가지만 존재해. 어려운 고난에도 불구하고 여기까지 왔구나. 킴벌리, 이제 너의 선택만 남았어. 일단 선택하면 되돌아갈 수 없단다. 이제 너의 삶을 살아."

나 자신을 되돌아보면, 받아들이기는 힘들지만 재앙을 스스로 자초한 것도 있었다. 내가 이루고자 하는 것이 있었음에도 불구하고 두려움 때문에 그 어떤 도전도 하지 못한 채 가만히 있었다. 내가 해야 하는 일보다 나 자신에 대한 평가, 다른 사람들의 평가에 더 많이 신경 쓰고 있었다. 내가 가야 할 길에 대해 조언해 주던 종교계 지도자들은 내가 결혼 생활을 그만두겠다고 하자 삶을 바꾸는 나의 중대한 결정에 반대했다. 이제 나는 인생의 중요한 교차점을 마주하게 되었다. 피해 의식으로 사느냐? 아니면 새로운 승리를 위해 사느냐?

2011년, 나는 마침내 이혼이라는 마음 아픈 결정을 내렸다. 부모님의 이혼을 반복하고 싶지 않았던 과거의 생각과는 다르게, 나는 나의 인생을 바꾸는 결정을 했다. 무엇보다 지속적으로 나를 괴롭혔던 과거의 나쁜 패턴을 반복하고 싶지 않았다. 색다른 경험을 만들기로 결심한 나는 미래의 행복한 삶을 영위하기 위해 주변의 환경을 바꾸기로 했다. 내 이름, 몇 점의 가구들, 그리고 4,500달러만 가지고 20년간의 결혼 생활을 마무리했다. 물론 인생의 빛과 같은 사랑하는 내 딸은 함께했다. 나 자신을 사랑하는 마음은 나를 움직이지 못했지만 딸을 사랑하는 마음은 나를 움직이게 했다.

이혼 후의 내 삶은 매일매일 투쟁의 연속이었다. 시간이 지날수록 나는 강해졌다. 새시테일즈의 실패가 나를 지배하려 할 때마다 나는 계속 발전하고 더 열심히 살아야 한다고 다짐했다. 외부에서 답을 찾고 싶은 유혹이 들 때마다 스스로의 힘으로 생각하고 판단하는 내면의 힘에 불을 붙였다. 언젠가는 모든 것이 명확해질 것이라는 희망으로 나의 믿음에 의지하기로 했다. 그리고 내면의 삶과 타인에게 보여지는 삶이 동일 선상에 놓이자 비로소 모든 것이 바뀌었다.

그 실질적인 증거는 바로 22살이 된 내 딸 헤더가 세상을 다양한 시각으로 보게 되었다는 것이다. 헤더는 여전히 자신의 이야기를 써 나가고 있지만, 나는 헤더가 그린 존에 가까운 사람이라는 증거를 보았다. 나는 새시테일즈가 완전히 실패한 경험이라고 생각했다. 그러나 헤더는 지난 2013년, 과학 고등학교에 지원하는 에세이를 쓰면서 새시테일즈의 문제를 다른 시각으로 풀어 나갔다. 그의 글은 다음과 같다.

"나는 6살 때부터 엄마와 함께 '새시테일즈'라는 회사를 설립하고 사업을 시작했다. 8살 때는 수백 명의 고등학생들에게 기업가 정신에 대해 연설하기도 했다. 나는 미디어 팀과 함께 대본을 쓰기도 했고 해리포터 영화에 나오는 스타들과 함께 비즈니스를 위해 협업하기도 했다. 우리의 이야기는 월스트리트 저널에 실리기도 했다.

이 회사를 설립하면서, 우리가 정말 원하는 것을 이루기 위해서는 많은 노력이 필요하다는 것을 알게 되었다. 사업이 성공했음에도 불구하고 투자팀은 계속해서 실수를 했고, 그로 인해 우리는 폐업이라는 어려운 결정을 내리게 되었다. 그때 내 나이는 11살이었다.

그 경험을 통해 나는 비즈니스의 비정함뿐만 아니라 우아하게 실패하는 법도 배웠다(이 부분에서 울었다). 어린 나이에 배운 실패는 지금의 나를 만들었다. 덕분에 나는 어떤 일이든 두렵지 않다. 실패는 모든 사람이 겪을 수 있는 삶의 일부분이라고 생각한다. 일찍이 새시테일즈의 경험을 통해 도전을 두려워하지 않게 된 나는 행운아라고 생각한다."

때때로 우리는 아이들에게서 가장 많은 것을 배운다. 내 딸이 세상을 다른 시각으로 바라볼 수 있어서 나는 정말 감사하다.

나의 삶은 내가 감정적으로, 육체적으로, 영적으로, 그리고 행동적으로 기존의 나와는 완전히 다른 사람이 되었기 때문에 변화할 수 있었다. 앞서 소개한 인재들의 이야기는 여러 측면에서 그들이 우리와 다르지 않다는 것을 가르쳐 주었다. 젤릴라는 직장에서 자신의 가치를 찾으려는 노력을 통해 그린 존을 알게 되었다. 그러나 '자신의 가치를 찾는 것'과 '가족과 함께 어울려 걱정 없이 지내는 것'은 서로 다른 독립적인 문제였다. 삶은 이렇듯 계속해서 배워 가는 계단 위에 있다.

관심과 초점이 내가 아니라 세상에 맞춰져 있다면, 고정 마인드셋이 작동하여 스스로 현재에 머무르는 선택을 할지도 모른다.

삶은 순환한다 ○○●

나는 힘든 세월을 보내면서 내가 만든 '레드 존'에 갇혀 있었다. 그 당시의 레드 존을 생생하게 기억한다. 나는 완벽함을 좋아했고, 무언가를 할 때마다 항상 스스로가 부족하다고 느꼈다. 해야만 하는 일을 하면서도 큰 부담을 가졌다. 내 마음은 계속해서 누군가가 나를 인정해 주기를 원했지만 정작 나는 그 사실을 깨닫지 못했다. 사소한 일들까지 사과를 하며 내 의견보다 다른 사람들의 의견이 더 중요하다고 확신했다. 문득 다른 생각이 떠올라도 현 상황을 받아들이라고 스스로를 설득했다. 이런 상황은 한동안 계속되었다. 무엇이 나를 레드 존에 빠지게 했을까? 바로 나 자신에게 있는 내면의 힘을 내가 스스로 외면했기 때문이다.

인재들의 이야기를 통해 나는 세 가지 교훈을 얻었다. 그리고 다음의 세 가지는 내 삶과 목적을 변화시켰다.

1. 도전적으로 행동하라. 방어적으로 행동하는 것과 공격적으로 행동하는 것은 피해자가 되느냐 승리자가 되느냐의 문제만큼 인생에서 큰 차이를 만들어 낸다. 우리는 무력함과 강력함 중에

하나를 선택해서 움직이게 된다. 무력함은 두려움에 속하고 강력함은 스스로를 소중히 여기는 마음에 뿌리를 두고 있다. 하지만 우리는 스스로에게 질문을 던질 수 있을 만큼 여유를 갖지 못한다. 어려움에 직면할 때마다 두려움은 항상 나를 방어적으로 만들고, 나를 무력감 속으로 이끌었다. 유일하게 내가 나의 입지를 다질 수 있었던 것은 무력감 속에서도 굴하지 않고 나의 존재를 소중히 여기며 도전적인 미래를 위해 마음을 다잡았을 때였다.

도전적인 목표가 단순히 나 자신을 위한 것이라고 할지라도 상관없다. 나에 대한 존경과 사랑은 우리를 발전하고 성장하게 한다. 강한 마인드를 가지기 시작하면서 내 마음속의 두려움은 작아졌고 방어적인 행동은 점차 빛을 잃었다. 그러나 나의 내면에 자리 잡고 있는 사고방식이 도전적으로 변하자 나를 둘러싼 모든 환경이 변하기 시작했다.

2. 나의 내면에서 나오는 감정을 먼저 존중하라. 일단 두려움에 굴복하지 않고 나의 내면에서 울려퍼지는 생각을 밖으로 꺼내자, 주변의 반응은 매우 놀라웠다. 내가 스스로를 존중하고 내 안에 있던 힘을 인식하니 사람들도 나를 다르게 대하기 시작했다. 내가 발산하는 에너지와 생명력은 나를 전혀 다른 미래로 이끌었다. 이 모든 것은 나의 정신력에 의해 좌우되었다. 나의 내면에 있던 신념이 무의식적으로 대화를 주도하고 있었다. 그린 존에 머무르는 시간이 더 길어질수록, 내가 선택한 언어는 사람들과의

관계를 조금씩 개선시켜 주었다. 어떠한 무례도 용납할 수 없었고 한 걸음 한 걸음씩 더욱 과감하게 나의 생각을 펼쳐나가기 시작했다. 나의 인생이 바뀌는 결정적인 순간이었다. 나를 둘러싸고 있는 외부 환경을 바꾸려면 먼저 내면의 생각을 바꿔야 했다.

다른 사람들을 바라보는 나의 관점도 바뀌었다. 과거의 삶과 고정 마인드셋에 의지하여 이해 관계자를 적으로 보거나 두려워해야 할 존재로 보는 대신, 그들을 나와 함께 할 진정한 동반자로 받아들였다. 나 자신을 위해 선택한 도전적 사고방식이 모든 것을 바꿨다. 만약 주변의 지지를 받지 못했다면, 나는 주저없이 그 상황에서 다른 방법을 모색했다. 나는 더 이상 아무런 동의 없이 판단되고 선택되는 존재가 아니라는 것을 깨달았다. 나는 마땅히 존중을 받아야 하는 존재였다.

우리 자신에게 있는 내면의 힘을 인식하고 동료나 이해 관계자들과 일하기 시작하면 관계에 있어서 새로운 힘이 솟아나는 것을 느낄 수 있다. 특히 상사가 강한 리더십의 소유자일 경우에 더욱 효과적이다. 내면의 힘을 느끼는 방법은 상상하는 것보다 훨씬 더 간단하다. 우리는 리더들의 언어 습관, 즉 결과에 뿌리를 둔 언어 습관을 쉽게 인지할 수 있다. 자신감과 도전 정신이 가득찬 내면의 힘을 보여 주면서 당당히 요청할 때, 상사는 차분하면서도 열정적인 여러분을 존중할 것이다.

오랫동안 리더가 부하 직원들에게 무례한 행동을 일삼았다면, 그것은 부하 직원들이 그의 태도를 무의식적으로 용인했기 때문일 수도 있다. 여기에서 주의할 사항이 있다. 받아들일 수 없는 리더의 무리한 요청을 정중히 거절할 때, 비난은 삼가야 한다. 존중과 자부심은 스스로를 사랑하는 감정이다. 다른 사람의 옳지 않은 행동을 마주할 때 또한, 자신을 사랑하는 마음으로 존중을 잃지 말아야 한다.

많은 이가 바로 이런 문제에 대해 서로 대화를 나누라고 권유한다. 《제가 투명인간인가요?That's What She Said》의 저자인 조앤 리프먼Joanne Lipman은 "조직원들이 공동의 목표를 향해 함께 노력할 때 놀라운 결과가 나올 수 있다. 우리는 함께 노력하는 연습을 통해서 발전할 수 있다"라고 말한다. 리더의 입장이 강조된 리더십 원칙은 직원들의 혼란과 혼돈을 통해 팀을 잘못된 방향으로 이끌 수 있다. 한번 방향이 결정되면 올바른 방향으로 바로잡기는 쉽지 않다. 잘못된 방향을 바꾸고 위험한 항해를 멈추는 방법으로는 팔로우십과 리더십을 확고하게 다지는 방법을 추천한다. 팀장과 팀원을 동등한 위치에서 대하는 동등의 원칙은 조직 내에서 균형과 규칙으로 통제할 수 있다.

3. 나의 삶을 선택하라. 선택권이 주어지면 스스로 판단할 수 있는 힘이 생기기 시작한다. 다양한 이유로 사회에서 위축된 사람들은 자신의 주장과 의견을 제안하지 못하며 스스로의 삶을 선택하지 못한다. 하지만 그 현실을 바꿀 수 있는 기회는 얼마든지 있다.

누구나 내면에서 울려 퍼지는 생각과 판단을 평가절하하는 잘못된 습관을 가지고 있다. 그러나 그 생각을 잘 활용할 수 있다면 삶의 지혜가 생길 수 있다.

스스로의 의지를 통해서 과거와는 다른 새로운 미래를 얼마든지 만들어 나갈 수 있다. 예전에 느꼈던 나 자신에 대한 무력감이 더 이상 우리의 빛나는 미래를 개척하는 데 방해가 되어서는 안 된다. 타인에게만 의지했던 사고와 행동에서 벗어날 때, 사회는 구성원들이 갖고 있는 내면의 에너지를 활용할 수 있다. 그리고 그들의 장점은 자연스럽게 사회의 발전과 긍정적인 변화로 나아갈 것이다.

나는 미래의 잠재력이 개인의 마음에 갇혀 있다고 확신한다. 그 갇혀 있는 희망이 빛을 볼 때, 세상은 더 나은 환경과 방법으로 함께 발전할 것이다.

발전 가능성은 모두에게 있다. 압박감에 굴복하는 것과 적극적으로 대응하는 것은 한 끗 차이일 뿐이다. 굴복하려는 유혹은 내면에서 나오는 생각이 아니다. 이런 중요한 갈림길에서 할 수 있는 선택은 적극적으로 대응하는 것이다.

돌아보기

+ 당신은 살면서 빠져 나갈 구멍이 없는 철창에 갇힌 적이 있는가? 그때의 상황은 어떠했는가? 당신과 비슷한 상황에 놓여 있는 사람들은 어떤 사람들인가?

_____

_____

_____

_____

+ 당신은 '사고의 DNA'라는 말을 어떻게 생각하는가? 당신이 개인적으로 혹은 업무적으로 영향을 받고 있는 사고의 DNA는 무엇인가? 당신은 생각의 전환을 위한 자신만의 시간을 가지고 있는가?

_____

_____

_____

_____

진정한 힘을 발견하는 방법

고정 마인드셋은 당신을 끌어당기는 늪처럼 느껴질 수도 있다. 당신은 싸우면 싸울수록 더 깊이 가라앉는다. 고정 마인드셋에서 벗어나려는 노력에 지쳐서 언제쯤이면 이런 상황이 바뀔 수 있을지 의문을 품었던 적이 있을 것이다. 걱정에 시달리고 탈진해서 자포자기한 사람도 있을 것이다. 고정 마인드셋에 적극적으로 맞서는 대신 그냥 인정하는 것이 현실적 대안인 것처럼 보일 때도 있다. 그러나 선택의 기로를 마주한다면 새로운 용기를 발휘할 수 있다.

멈추고, 성찰하고, 의식적으로 방향을 선택할 때마다 새로운 미래를 창조하게 된다. 당신이 찾는 해답은 결코 밖에 있지 않다. 작은 성공에도 서로 축하하며 타인에게 의지하고 있지만 궁극적인 답은 내면에 있다. 이 책은 당신 내면의 힘을 지렛대 삼는 사고에 관한 내용을 담았다. 여러분은 자신의 힘을 발견하고 최고의 순간을 만들며 더 멋진 삶을 살 수 있는 능력을 가지고 있다. 고정 마인드셋을 극복하고 자신의 미래를 위해 내면의 힘을 먼저 활용하는 것이 당신이 바라는 변화를 이끌어 내는 핵심이다. 당신이 매일매일 거울 속에 비치는 모습을 보면서 내면의 대화를 통해 세상에 대한 태도를 바꾸어 나갈 때, 진정으로 가치 있게 세상을 만들 수 있는 힘이 당신 안에 생겨날 것이다.

지금 당장 거울을 보라. 당신이 보는 당신의 모습, 당신 안에 웅크려 있는 사자는 세상을 바꿀 힘을 가지고 있다. 그 힘은 진실되며, 힘들게 적응하고 있는 현실을 당신이 꿈꾸는 세상으로 바꿀 것이다. 이것은 우리 모두에게 손짓하는 위대한 모험이다.

무엇이 중요한가?　　　　　　　ooo●

우리는 살면서 무엇이 중요한지 잘 알고 있다. 2017년 2월 23일, 나는 전 세계적으로 18만 명의 직원이 근무하는 글로벌 기업의 촉망받는 리더들을 대상으로 3일간 연수 프로그램을 진행하고 있었다. 연수 프로그램은 프랑스 파리에서 몇 킬로미터 떨어진 아름다운 마을에서 열렸다. 3일 동안, 나는 그들이 임원으로서 입지를 구축하고 리더십을 강화하여 사내외 커뮤니케이션 능력을 향상시킬 수 있도록 노력했다. 이전의 비슷한 세션들과 마찬가지로, 교육의 목적은 그들에게 잠재되어 있는 역량과 재능을 이끌어 내는 데 있었다. 고정 마인드셋은 내면을 밝게 비추는 빛을 차단해 버린다. 내가 맡은 일은 프로그램에 참석한 모든 이들에게 자신의 내면에 감춰져 있는 빛을 볼 수 있게 해 주는 것이었다. 참석자들은 모두 자신의 위치에서 성공적인 경력을 쌓아 가고 있는, 차세대 조직을 이끌 인재들이었다.

프로그램의 마지막 날, 인도에서 온 젊은 여성 아키가 연설을 준비하고 있었다. 함께 있는 동안 나는 그의 특별한 점에 주목하고 있었다. 그는 할 말이 있으면 언제 어디서든 주저없이 자신의 주장을 역설했다. 심지어는 방에 있는 모든 사람이 눈치를 줄 때까지 멈추지 않았다. 나는 아키에게 잠재된 재능을 어떻게 발전시킬지 혼란스러웠다. 아키가 무대에서 발표할 수 있도록 도와주던 중, 그에게 자신의 프레젠테이션 역량에 대해 어떻게 생각하는지 물어보았다. 그 순간, 나는 그의 내면에 극심한 공포가 존재하고 있다는 것을 알 수 있었다. 그는 자신이 왜 프레젠테이션을 잘 못하는지 궁금해했다. 아키의 발표가 시작되자, 나는 그가 걱정하는 것이 무엇인지 바로 알 수 있었다.

우리 모두를 어리둥절하게 했던 원인은 바로 아키의 출신에 기인한 문화 때문이었다. 인도에서 그는 남자들 사이에서 발언권을 얻기 위해 누구보다도 적극적으로 행동해야 했다. 그것이 그가 목소리를 낼 수 있는 유일한 방법이었다. 그러나 그의 의견은 잘 받아들여지지 않았다. 그런 환경 속에서 야금야금 자라기 시작한 자기 불신은, 기회 앞에서 아키를 망설이게 하고 있었다.

아키는 발표를 시작하기 위해 천천히 앞으로 걸어갔다. 발표를 시작하자 그의 목소리는 떨리기 시작했고, 급기야 눈물이 떨어졌다. 그는 눈에 띄게 불안해했다. 청중들은 모두 조용히 지켜보고 있었다. 내 마음은 찢어질 것 같았다. 내가 20년간 경험했던 그 어떤 시간과도 비교할 수 없는 진실의 순간이었다. 아키가 발표를 하지 않자 청중들은 영문도 모르고 어리둥절해 했다. 잠시 고민을 하다가, 나는 무대에 올라 아키 옆에 서서 아키와 내가 나누었던 대화를 청중들에게 털어 놓았다.

그 순간 놀랍게도 마법이 일어났다. 다른 나라에서 온 동료들이 아키를 응원하기 위해 모여들었다. 영국에서 온 앤은 이렇게 말했다. "아키, 인도에서는 당신의 의견이 잘 받아들여지지 않았겠지만 지금만큼은 당신이 이 순간의 주인공이라는 것을 알았으면 좋겠어요. 우리는 이 수업이 끝나도 계속 당신의 의견을 존중할 거예요. 당신은 우리의 동료 중 한 명이고, 우리는 당신을 격려하기 위해 여기에 있는 거니까요." 용기를 주는 말들이 이어졌다. 생애 처음으로, 아키는 동료들의 연대를 경험하고 있었다. 그는 심호흡을 하고 마음을 가라앉혔다. 자신을 둘러싸며 지지해 주는 동료들의 성원에 용기를 얻어 아키는 힘차게 발표를 이어갔다. 연령, 인종, 국적을 초월한 사람들의 동료애가 발휘되는 순간이었다. 이들은 모두 세상을 바꾸는 힘을 가지고 있었다.

집으로 돌아오는 비행기에서 가슴 떨렸던 순간들을 마음속으로 되짚어 보니 모든 게 확실해졌다. 나는 비로소 무엇이 중요한

지 깨달았다. 청중들이 내게 전하려던 말을 완벽히 이해했다.

자유롭고 편안한 환경에서 내면의 힘을 강화하고
나에 대한 자신감을 얻는 것이 먼저다.
타인에게 내가 갖고 있는 내면의 힘을
자신 있게 보여 주는 것은 그 다음이다.

만약 당신이 자신의 내면에서 울려 퍼지는 자신감에 찬 힘과 목소리를 활용하지 못한다면, 4차 산업시대의 도전적인 사회에서 살아남기는 쉽지 않을 것이다. 위에서 설명했던 아키의 예시는 매일매일 세계 각지에서 쓰이고 있는 수많은 이야기의 일부일 뿐이다. 다가온 압박감에 적극적으로 도전하기보다는 현실에 굴복하고 싶은 유혹을 느낄 때가 있을 것이다. 그럴 때에는 아키처럼 고정 마인드셋 안에서 빠져나오지 못하고 있는 다른 사람들을 생각해 보자. 당신은 당신 안에 존재하는 내면의 힘을 얼마든지 활용할 수 있다. 스스로의 의지에 따라 달려있다.

그렇게 할 수만 있다면, 그것은 정말 행운이다.

모두의 영향력   ○○●

우리는 서로 자신감을 회복하기 위해 격려를 아끼지 말아야 한다. 사람은 스스로에게 확신이 없을 때 타인에게 의지하려는 경향이 있다. 두려움은 우리에게 장벽이 될 수 있다. 하지만 반드시 지켜야 할 것이 있다면 영혼 속 깊은 곳 어딘가에서 용기가 활화산처럼 솟아오른다. 엄마곰 증후군*이 그것을 증명한다.

미국의 총기 규제를 강력히 촉구하는 모임은 아이들과 가족을 위해 용감하게 나서는 어른들의 힘을 보여 주고 있다. 이 단체의 설립자이자 《어머니처럼 싸워라》의 저자인 섀넌 왓츠에 의하면 그동안 발전해 왔던 수많은 혁신의 원천은 바로 행동력이었다.

혁신을 위해 행동하는 이들의 열정은 오늘날 우리가 알고 있는 고정 마인드셋을 뛰어넘어 새로운 방식을 만들 만큼 강력하다. 연대의 원칙은 전체의 이익을 옹호하며 결속력을 다질 때 형성되고, 연결된 마음은 경쟁 대신 협업을 통해 발전한다. 바로 이때가 연대에 있어서 가장 중요한 순간이다.

정책만으로는 불가능하다 ○○●

직장 내부에 관한 보고서는 오직 하나의 렌즈, 즉 리더 혹은 관리자들의 시각에서 서술하고 있기 때문에 냉혹한 현실을 보여

---

* Mama bear syndroms on Steroid: 엄마곰이 새끼를 보호할 때에는 평소와는 다른 특별한 스테로이드가 분출된다는 이론.

주지 못한다. 직장에서 평등 정책이 100% 가동된다고 하더라도 내면은 여전히 현실에 가로막힐 수밖에 없다. 이 책에 언급되었던 내면의 결핍을 가진 이들은 모두 냉혹한 현실 속에서 살아가고 있었다. 하지만, 갇힌 사고방식을 도전적으로 변화시키고 외부와 적극적으로 소통하면서부터 모든 것이 바뀌기 시작했다. 즉, 내면의 변화가 우선이다.

기업들은 고성과자와 저성과자들, 그리고 남녀 간에 혹시라도 생길 수 있는 불평등을 개선해 나갈 필요가 있다. 그리고 개개인은 새로운 미래를 창조해 나가기 위해 사회 내 모든 이해 관계자들과 계속 협력할 필요가 있다. 당신을 돕고 있는 동료들이 있다는 사실을 잊지 말자. 사회에서 외면당하는 사람들을 차별하는 정책은 어떤 방법을 사용해서라도 근절되어야 한다. 그동안 묵인되고 당연하다고 여겼던 행동들이 조금씩 사라지고 있지만 이제 시작에 불과하다. 우리는 앞길을 막고 있는 천장을 깨뜨리고 새로운 미래를 만들 수 있는 기회의 끄트머리에 와 있다. 사회는 이때까지 볼 수 없었던 빠른 변화와 혁신을 마주하고 있다. 의사 래리 나사르Larry Nassar에게 학대를 당한 미국 어린 체조선수들의 증언처럼, 자신을 폭행한 범인과 법정에서 난투극을 벌인 이집트의 라니아 파미Rania Fahmy처럼 세상은 빠르게 변화하고 있다. 그럴 때마다 새로운 사고의 기준은 내면의 사고방식을 바꾸어 변화의 물결을 일으킨 용감한 행동가에 의해 정립되었다.

지금까지 없었던 새로운 이야기가 아니다 ○○●

사회적 무관심과 외면은 전혀 새로운 이야기가 아니다.

1900년대 수잔 앤서니가 여성들의 투표권을 위해 열정을 다한 이유를 이해하는 것이 중요하다. 수잔 앤서니는 동료들이 정서적·육체적으로 학대를 당한 사건으로 인해 큰 슬픔에 잠겨 있었다. 그는 가정폭력을 피해 도망가는 여성과 아이들을 보호했는데 그중 상당수의 사건이 알코올 중독 때문에 벌어졌다. 그는 여성들을 보호하는 정책만이 사회적인 약자들이 무기력하게 당하는 현상을 막을 수 있다는 것을 알고 있었다.

투표권의 중요성에 대해 잠시 생각해 보자.

참정권 운동은 여성의 권리 향상에 힘을 보태고자 하는 열망과 함께 국가 지도자들의 관심과 노력을 통해 추진되었다. 여성에게 참정권을 부여하기 위한 투표권 운동은 여성 스스로가 사회의 약자로서 직면한 문제들을 해결할 수 있다는 확신을 보여준다. 그러나 현실은 100년 전과 비교해서 크게 달라지지 않았으며 우리는 다음과 같은 불편한 현상 속에 살고 있다.

- 미국 여성 4명 중 1명은 자신의 연인으로부터 심한 신체적 폭력을 경험한 적이 있다. 매달 50여 명의 미국 여성들이 연인의 총에 맞아 죽는다.
- 최근 여론조사에 따르면 미국 여성의 절반 이상인 54%

가 원하지 않는 부적절한 성적 접촉을 경험했다고 한다. 그리고 3,300만 명의 미국 여성들이 직장 내에서 성희롱을 당했다.

◦ 미국과 글로벌 청년 4명 중 1명은 평소에는 멀쩡한 남자가 술에 취했을 때 여자 친구를 때리고 폭언을 하는 행위에 대해 심각한 문제가 아니라고 응답했다.

이외에도 가슴 아픈 통계는 많다. 혹시 여성 스스로가 외부의 환경 변화에 너무 많이 신경을 써서 고정 마인드셋을 바꿀 기회를 놓친 결과는 아닐까?

내면의 사고를 변화시켜서 주변을 둘러싸고 있는 이해 관계자들에게 본인의 생각을 당당히 이야기할 수 있다면, 여성들을 무시하는 태도를 바꿀 수 있을까?

나는 가능하다고 믿는다.

실제로 내면의 변화를 통해서 어려운 상황을 변화시킨 예시가 있다.

◦ 1963년에 출판된 베스트 셀러 《페미닌 미스틱The Feminine Mystique》의 저자 베티 프리던Betty Friedan은 여성으로서 성취감은 오직 한 가지 역할(주부 또는 어머니)만을 가지고 있다고 주장했다. 이 책은 그 후 여성 운동에 불을 지피는 역할을 했으며 추후에 발전되었던 여성 역할 변화의 중심이 되었

다. 공교롭게도 50년이 지난 후에 《린 인》이라는 책이 출간되었고, 미국은 또 다른 변화의 물결에 휩쓸렸다.

- 미국 여성들의 노동 참여율은 1948년 32.7%에서 2016년 56.8%로 높아졌다.

- 취업 인력 중 대학 학위를 가진 여성의 비율은 1970년과 비교하면 4배 이상 증가했다. 1970년 11%였던 것에 비해 2016~2017년에는 직장 여성 중 57% 이상이 대학 학위를 가지고 있었다.

- 여성들이 전문직과 관리직 등에서 눈에 띄는 활약을 하면서 여성 근로자들이 갖는 직업의 범위도 넓어졌다.

- 공학(이공계, 수학 등) 학사 학위를 가진 여성이 35%에 불과하다는 사실이 밝혀진 후, 이공계의 여성 인력 문제를 해결하기 위한 노력이 활발하게 이루어지고 있다.

- 여학생들을 위한 이야기책과 남학생들을 위한 장난감에 관심이 높아지면서 남녀의 관심사와 관련된 고정 관념이 깨지고 있다.

- 걸스카우트의 전통도 큰 변화를 경험하고 있다. 걸스카우트의 새로운 CEO로는 로켓 과학자인 실비아 아세베도 Sylvia Acevedo 가 위임되었다. 과학, 사이버 보안, 코딩, 프로그래밍 등을 교육하며 여학생들에게 새로운 미래를 위한 길을 제시해 주고 있다.

모두 좋은 소식이다. 하지만 왜 여성들만이 무례한 말과 행동을 참아야만 했을까? 그 이유는 바로 억압하는 환경에 무의식적으로 적응했기 때문이다. 이 습관이 지난 100여 년간 여성들을 힘들게 하고 있었다.

다음은 우리가 선택한 미래의 모습이다.

○ 직장 내에서 성희롱 예방 교육을 실시할 때에, 피해 대상자들과 연관된 남성들에게 직접 교육에 참여해 달라고 권유한다. 가령 아버지들이 청중에게 자신의 딸이 직장에서 어떤 대우를 받기를 원하는지 직접 설명한다고 상상해 보자. 아버지가 딸을 생각하는 마음이 전달된다면 직장 내 남녀 간 인식에 새로운 변화의 시작점을 만들 수 있지 않을까? 변화에 대한 두려움은 내적 사고에 도움이 되지 않지만 나와 주변의 관심은 중요한 역할을 한다.

○ 연봉을 협상할 때 임금의 형평성, 업무 유연성, 직장 내 성희롱이 없는지에 대해 질문을 던진다. 또한 비즈니스 출장 시 안전한 호텔을 제공하는지도 묻는다. 아키와 같은 사람들을 떠올리며 대담하게 더 높은 연봉을 요구한다. 조직 내에서 좋은 선례를 남기는 것은 조직원 모두를 위한 정책이라는 것을 알고 있기 때문이다.

○ 개인적이든 집단적이든 당신을 존중하지 않는 행동에 용감하게 반대를 표현하고 필요에 따라 다른 선택을 할 수 있

다. 비즈니스에서 중요한 것은 실적과 성과라고 하지만, 혼자만 그 역할을 짊어지고 실적을 위해 피와 땀과 눈물을 흘리고 있다면 당당히 주변인들에게 알린다. 그리고 혹시라도 무례한 요구를 받았을 때 거절할 수 있다.

Shout
To the world
Our collective
Power to drive change

세상에 외쳐라.
나와 동료의 노력이 조직의 변화를 주도한다.

○ 당신은 팀, 동료, 리더들과 함께 일하는 일터의 미래 비전에 대해 생각하며 대화를 나눈다. 당신은 예전의 고정 마인드셋을 당당히 거부한다. 그리고 모두의 성공을 고민하는 데 힘을 쏟는다. 부정적인 통계를 바꾸기 위해 고정 마인드셋을 깨뜨리는 노력이 필요하다. 우리가 집중해야 하는 부분은 바로 자신의 성장이라는 것을 기억해야 한다. 의식적으로 새로운 이야기를 들려주고, 고정 관념 및 고정 마인드셋을 강화하는 말과 행동은 삼가야 한다.

◦ 연봉 협상, 프리랜서 고용, 임금 형평성, 업체 계약 등과 관련하여 당신은 주위의 '을'들을 위해 과감히 나선다. 할리우드 배우 제시카 차스테인^{Jessica Chastain}과 옥타비아 스펜서^{Octavia Spencer}의 공동 연봉 협상 사건*은 갑 위치에 있는 영화 제작사에게 을 위치에 있는 배우들이 어떻게 자신의 입장을 잘 설득할 수 있었는지 힌트를 제공한다.

◦ 우리는 회사의 동료, 조직원 그리고 더 나아가 가족, 친척, 친구들에게 자신이 존경받기 위해서는 다른 사람들을 먼저 존중해야 한다는 사실을 명확하게 인지시켜야 한다. 우리에게는 당장 버려야 하는 고정 마인드셋이 있다는 것을 명심하라. 앞서 설명한 인재들의 이야기는 고정 마인드셋과 편견에 관해 중요한 통찰력을 제시했다.

우리는 관계의 투명성과 서로를 향한 존중이 기본이 되는 시대에 살고 있다. 그렇기 때문에 세상에 드러내는 삶과 그 뒤에 숨어 있는 삶이 다른 이중적인 인격으로는 살기 어렵다. 직장과 가정에서도 마찬가지다. 우리는 자아를 통해서 내면의 힘을 강화하고 있으며 현재의 상황이 칠흑같이 어둡다고 해도 그 너머에는 밝은 미래가 있다. 지금은 모두에게 매우 중요한 시기다. 고정 마

---

* 두 사람은 흑인 차별을 고발하는 영화 〈헬프〉에서 호흡을 맞춘 적이 있다. 제시카 차스테인이 옥타비아 스펜서가 흑인 배우라는 이유로 낮은 임금을 받는 것을 지적해 화제가 되었다.

인드셋을 과감하게 버리고 다시 생각을 가다듬을 수 있는 시간
이 주어졌다.

세상의 발전은 우리의 생각에 달려 있다.

사고의 DNA를 극복하라 ○○●

앞에서 언급했던 인재들의 이야기는 우리 내면에 닻을 내리고 있
는 무기력함이 생각과 행동을 얼마나 지배하고 있는지를 잘 설명
해 주고 있다.

지금까지 우리의 생각과 행동에 큰 관여를 하고 있는 고정 마
인드셋은 사고의 DNA 속에 숨어 있는 미묘한 녀석이다. 많은 사
람이 자신도 모르게 세상의 고정 관념에 영향을 받고 있고, 자신
이 가지고 있는 변화의 힘을 너무 과소평가한다는 것이 안타깝
다. 이러한 부정적인 생각은 우리의 행동에서 무의식적으로 침묵
하는 방식으로 나타난다. 이 책은 부정적인 사고를 지배하면서
무기력한 행동을 이끌고 있는 사고의 DNA를 바꾸기 위해 노력
한 결과다. 여러분들 스스로가 바로 변화의 핵심이다. 사고의
DNA를 바꿔서 미래 세대들에게 긍정적인 영향을 미치는 것은
우리의 결단에 달려 있다.

먼저 TV, 영화, 스마트폰 및 소셜 미디어의 의존도를 줄여라.
그리고 스스로의 생각에 귀 기울여라. 인터넷 대신 당신의 내면

에서 나오는 지혜를 믿어라. 다른 사람의 관점으로 비춰지는 것에 스트레스받지 말고 이제는 스스로의 관점에서 세상을 바라보라. 그리고 사고의 틀을 자신만의 방식으로 재정립하라. 이 과정은 기존의 규칙을 어기는 것이 아니라 새로운 규칙을 만드는 것임을 명심하라.

당신의 삶은 자신의 내면에 존재하는 힘을 통해서 변화할 수 있다. 세상은 사고방식을 전환하는 당신의 놀라운 연금술을 받아들일 준비가 되어 있다.

세상이 점점 올바른 사고에 대한 신념을 받아들이고 있다. 자세한 내용은 다음을 참조하자.

《미국인의 생각을 해킹하다》, 로버트 H. 러스티그 저*
《휴대폰과 헤어지는 방법》, 캐서린 프라이스 저**
《열등함: 과학은 어떻게 여성을 오해했는가에 대해 새로 쓰는 연구》, 안젤라 사이니 저*
인공지능 시대로 접어들면서 우리 모두가 알아야 할 새로운 핵심은 에밀리 창이 쓴 《브로토피아: 실리콘밸리에 만연한 성차별과

* The Hacking of the American Mind, by Robert H. Lustig
** How to Break Up with Your Phone, by Catherine Price

섹스 파티를 폭로하다》**에 잘 나타나 있다. 4차 산업혁명 시대를 맞이하여 무례한 행동이 사고 시스템에 얼마나 중요한 영향을 미치는지를 아는 것이 중요하다. 적절한 해결 방법을 통해 우리 삶의 많은 부분이 개선되기 때문이다. 좀 더 합리적인 결정을 내릴 수 있도록 변화하길 바란다.

이전 세대가 접할 수 있는 세상의 통로라고는 주로 사회적 강자의 입장에서 쓰인 이야기뿐이었다. 다른 선택의 여지가 없었다. 그러나 우리는 SNS나 온라인 등 수많은 경로를 통해 다양한 생각을 접할 수 있는 시대에 살고 있다. 이제 정보를 습득하는 루트와 생각의 깊이를 파격적으로 변화시켜야 할 때다. 시대의 전유물이었던 일명 꼰대들의 이야기를 반복해서 하기보다는 '나만이 할 수 있는 이야기는 무엇일지' 되물을 수 있어야 한다. 그런 과정을 통해서 자연스럽게 우리의 이야기가 더욱 발전한다는 것을 꼭 기억하자. 앞으로 100년 후에는 지금과 똑같은 문제가 제기되지 않기를 진심으로 바란다.

나에게 있던 고정 마인드셋이 자신도 모르게 불쑥 튀어 나오

* Inferior: How Science Got Women Wrong-and the New Research That's Rewriting the Story, by Angela Saini
** Brotopia: Breaking Up the Boys' Club of Silicon Valley, by Emily Chang

는 찰나를 인식해야 한다. 그럴 때마다, 아직도 고정 마인드셋이 잠재 의식 속에 자리 잡고 있다는 것을 명심하라. 그리고 스스로에게, 혹은 다른 사람에게 무슨 이유로 고정 마인드셋이 내면에 자리 잡게 되었는지를 물어보고 답을 찾아라. 본인이 이끌어가고 있다고 생각했던 것이 알고 보니 다른 사람들에 의해 좌우되고 있었음을 알게 되면 놀라게 될 것이다. 4차 산업시대를 사는 우리는 이 거대한 시대의 변화에 적응되어 있다. 변화하는 능력은 우리의 DNA에 내재되어 있다. 대담하게 받아들이고 당신의 힘을 믿어라.

우리가 진정으로 모두를 소중히 여기는 문화를 만드는 방법은 개인적인 변화를 통해 사회를 변화시키는 것이다. 개인의 변화가 항상 우선이라는 것을 명심하라. 개인의 변화가 촉매제가 된다. 그리고 당신도 얼마든지 변할 수 있다.

변화의 연속성 ○○●

자신의 목표를 달성하기 위한 과정에서 선택의 기회가 주어지면 대부분은 쉬운 길을 선택한다. 하지만 우리 내면에 숨어 있는 사자는 쉬운 여정만으로는 찾기 어렵다. 내 안에 숨어 있는 사자를 찾는 과정은 많은 변화를 수반한다. 변화의 흐름은 새로운 현실을 볼 수 있는 공간 속에서 연속으로 진행된다. 우리는 변화를 통제할 수는 없지만, 삶의 부정적인 사고를 없애고 새롭고 긍정적인 사고를 위한 공간을 확보할 수는 있다. 그러나 보편적인 이야기에 빠져 있으면 소수의 이야기를 들을 수 없다. 방어적인 위치에 놓여 있는 한, 삶의 태도가 도전적이고 공격적인 위치로 전환되기는 쉽지 않다. 과거로부터 벗어나지 못하면 미래로 더 나아갈 수 없다. 현재 우리의 내면이 타인의 판단과 생각으로 넘쳐난다면 새로운 현실은 나타날 수 없다.

10년 전

10년 전, 나는 레드 존에 빠져 있었다. 당시 내 안의 사자는 이렇게 말했다.

Limit the damage others can do to me

Independence—find it!

Own my yes

Now is the only time that matters

다른 사람이 나의 생각을 억압하지 않도록 해라.

독립할 방법을 찾아라!

긍정적으로 생각하라.

지금이 가장 중요한 시기다.

5년 전

나는 고민 끝에 이혼했고 삶을 간소화하는 법을 배웠다. 고정 관념에서 벗어나기 시작했다. 의식적으로 나 자신과 어울리지 않는 일에서 멀어지려 했다. 나의 삶은 옐로우 존으로 서서히 움직이기 시작했다.

Live
Inspired
Own my
New story
너의 삶을 살아라.
영감을 받아라.
나만의 이야기를 그려라.

오늘

나는 몇 년째 자유의 그린 존에서 살고 있다. 이제 고정 관념이 아주 선명하게 보인다. 나는 매일매일 나를 위해서 새로운 길을 힘차게 선택한다.

Love and laugh often

Inspire change

Own my power

New Narrative create it for myself and for

my sisters around the world

자주 사랑하고 웃어라.

변화를 상상하라.

스스로 힘을 길러라.

새로운 마음가짐을 가져라.

당신을 위해, 다른 동료들을 위해, 세상을 위해.

10년 동안 나는 내 안에 숨어 있는 사자가 어떤 의미를 전달하고자 하는지 깨닫지 못했다. 질문은 계속되고 있다. 오늘 당신의 사자는 당신에게 어떤 이야기를 쓰라고 포효하는가?

당신의 내면은 알고 있다. 귀 기울여 보자.

영웅은 바로 당신 자신이다

수잔 앤서니처럼, 어려움을 헤치고 소외된 사람들을 위해 싸우던 영웅은 시간이 지나도 늘 우리의 곁에 있는 걸까? 그리고 우리의 발목을 잡았던 고정 마인드셋이 영원히 사라질 때가 과연 올까?

어떤 이들은 필요한 것을 모두 배우면 떠나가 버린다. 열심히 함께 일하다가 어느 순간 떠나가는 동료들처럼. 그러나 그들이 전해 준 교훈은 계속 남아 있다. 그들은 한때 함께했던 전우이자 비즈니스 여정의 일부였다.

다른 동료들은 우리와 계속 함께할 것이고 우리는 그들 내면에 있는 사자를 이끌어 내는 데 더 능숙해질 것이다. 어디선가 낡은 사고방식을 되살리려는 상황이 발생하면, 과거를 반면교사 삼아 더 빨리 헤쳐나갈 수 있다. 오늘날 젊은 MZ세대들은 과거에 2년에 걸쳐서 해결했던 일을 이제 겨우 이틀이면 해결할 수 있다. 자신에게 도움이 되지 않는 마음가짐은 빠르게 잊어버리고 의식적으로 다른 마음가짐을 선택할 것이다.

나는 새시테일즈와 함께 했던 경험이 너무 감사하다. 그 경험은 내가 최선을 다해 살 수 있도록 채찍질해 주는 삶의 지렛대가 되어 주었다. 내가 갖고 있던 모든 것을 잃어 버렸을 때 비로소 내가 누구인지 알게 되었다. 이전에는 모든 것이 의문 투성이였다. 나의 모든 판단을 신뢰할 수 없을 지경에 이르렀고 미래도 보이지 않았다. '나의 삶'이라고 불렀던 모든 것들을 다시 보니 돈도 없고 직함도 없는 그저 '나'였다. '아무런 이야기도 없는 나'였다.

실패란 절망의 바닥에 발을 딛는 것과 같다. 더 이상 다른 사람들을 실망시킬 수 없을 만큼 바닥을 쳤을 때는 이미 모든 기대가 산산조각 난 이후다. 하지만 반대로 생각하면 이제 더 이상 밑으로 내려갈 수 없다는 뜻이다. 가장 밑바닥을 딛고 올려다보는 하늘에는 놀랍게도 자유로움이 있다. 무슨 일이 있어도 태양은 매일 떠오른다. 카리의 메시지처럼, '우리는 완벽하지 않아도 괜찮다'. 만족감은 융통성 있는 생각과 실패한 이야기를 나눌 용기를 준다. 그리 대단하지 않은 결과임에도 불구하고 큰 가치가 생긴다. 실패란 그저 주저앉는 것이 아니다. 나 스스로를 사랑하고 자부심을 가질 능력이 있는 한, 내가 살고 있는 세상을 변화시킬 수 있다는 것을 기억해야 한다. 나머지는 시간이 지나면 충분히 극복할 수 있다.

우리는 각자의 이야기를 통해서 삶을 만들고, 실천해 나간다.

누군가는 이미 만들어진 길만 따라가도 괜찮다고 말한다. 하지만, 이미 쓰인 역사 중에서 실수로 몇몇 페이지들이 찢어져 이야기가 산산조각이 난다면 그저 너덜너덜한 표지만 남게 된다. 사람들은 동요하며 우왕좌왕할 것이다. 나는 이미 개인적으로, 업무적으로 실패를 경험한 사람으로서 무슨 말을 해야 하는지 알고 있다.

사람들은 마음을 달래기 위해 여행을 떠난다. 그렇게 다른 사람을 안아 줄 수 있는 여유가 생긴다면 삶은 가치가 있다는 확신이 다시 생긴다. 나는 나의 격려가 다른 사람에게 도움이 된다면 그것으로 충분했다. 돈, 성공, 위신, 권력, 명예가 없어도 괜찮았다. 난 여전히 훌륭한 가정의 가장이자 회사의 팀장이 될 수 있고, 주변을 얽매어 왔던 어둠의 속박을 깰 수 있으며, 새로운 아이디어를 낼 수 있다.

나는 많은 세월이 흐른 후에야 새시테일즈의 운영에 영향을 주었던 왜곡된 고정 마인드셋을 발견할 수 있었다. 인생의 대부분이 그렇듯이, 처음에는 좋은 의도로 시작되었다. 당시 상황과 의도를 이해하고 나니 더욱 선명하게 보인다. 새시테일즈 사업의 이면에 있던 것은 나의 절박함이었다. 나 역시 나의 역량을 필요 이상으로 세상에 증명하려고 했다. 나는 모든 사람과 싸우고 있었다. 내가 전하고 싶었던 선한 의도는 마음 깊은 곳의 두려움에 가려져 있었다. 내가 추진하려던 변화는 스스로를 신뢰하지 못하는 무능함에 가려져 있었다. 여자 아이들에게 영감을 주기 위한 나의 행동은 나 자신에 대한 자부심과 존경심이 부족해서 빛을 잃었다. 그러나 그후 나는 고정 마인드셋에서 벗어나려고 끊임없이 노력했다.

그리고 지금은 다른 사람들을 배려하고 존경하는 것만큼 나자신을 충분히 배려하고 존경하게 되었다. 아주 멋진 일이었다.

인생에서 일어난 변화는 나를 고정 마인드셋의 늪에서 꺼내주었다. 그 당시에는 몰랐지만, 나의 삶을 만들기 위해 에너지를 투자하기 시작했을 때 나는 기존 권력가들의 입장에서 만들어진 낡은 사고방식들을 버렸다. 아무것도 쓰여 있지 않은 빈 페이지부터 다시 시작했다. 그렇게 10년이 지났고, 지난 시간들은 이 책한 권으로 남았다.

새시테일즈로 변화를 꾀하고자 했던 나의 열망에 특별한 무언가가 있던 것은 아니다. 변화를 만들고 싶은 욕망은 모두 같다. 나에게는 그저 '사랑'이 있었다. 나에 대한 사랑, 타인에 대한 사랑, 조직에 대한 사랑, 직원들에 대한 사랑, 시공간을 초월한 진심어린 헌신 말이다. 아무것도 증명할 필요가 없다. 나로서 충분하고, 내 존재가 나를 증명한다.

새시테일즈는 내가 한때 믿었던 모든 사고방식을 허물었고 덕분에 나의 미래는 날개를 펴고 훨훨 날아올랐다.

당신을 기다리고 있는 멋진 인생

앞서 소개했던 인물들의 행동을 실천하고 싶다면 그린 존에 있는 상태와 감정을 의식적으로 따라하는 것이 좋다. 집중하는 만큼 내면의 사고는 점차 발전한다. 만약 당신이 여전히 레드 존에 집중하고 현재에 만족하려는 유혹을 뿌리치지 않는다면, 그 과정은 더욱 길고 어렵게 느껴질 것이다. 그러나 힘들게 생각할 필요가 없다. 쉽게 생각하자. 당신이 무기력하다고 느낄 때마다 나의 제안을 활용해 보라. 그린 존은 자유가 있는 곳이다. 내면의 힘을 실어주는 사고방식에 집중하면 당신을 괴롭히는 장애물은 모두 사라질 것이다. 7명의 인재들은 우리에게 보물 지도를 쥐어주며 자유를 향해 전진하라고 속삭이고 있다.

"자신의 의도를 반복해서 표현하다 보면 결국 그것이 당신의 진심이 된다."

이제, 당신의 인생을 살아라

당신이 이대로도 충분하다는 진리를 받아들일 때

당신은 더 이상 노력할 필요가 없다. 완벽해야 한다는 사고방식에서 벗어나야 한다. 당신은 자신 말고는 그 누구도 될 필요가 없다. 이 깨달음과 함께 이루 말할 수 없는 자유와 평화가 찾아온다. 여러분은 다음의 한마디에서 일생의 지혜를 찾을 수 있을 것이다. "지금으로도 충분하다".

하려는 일에 믿음을 가질 때

인생을 주도적으로 살아가기 시작했다면 당신은 이제 그저 하루하루를 흘려보내는 존재가 아니다. 당신은 사람들이 여전히 낡은 사고방식에 빠져 있다는 것을 인정하게 될 것이다. 이제 당신은 자유다. 세상이 다시 옛날로 돌아가라고 유혹해도, 당신은 여유 있게 웃으면서 자신의 입장을 고수할 수 있다. 자칫 혼란스러워지더라도 재충전할 장소를 찾는 지혜도 생긴다. 행동하지 않고 말로만 떠드는 것은 도움이 되지 않는다.

자신을 충분히 사랑할 때 다른 사람을 사랑하고 삶을 잘 이끌어 갈 수 있다. 저수지가 말라 버리면 비옥한 농사를 지을 수 없듯이, 지친 마음으로는 그 무엇도 할 수 없다. 이기적인 생각과 이타적인 생각 중에 하나만 선택해야 한다면 당신은 이기적인 쪽과 손을 잡아야 한다. 그런 결정을 내릴 수 있는 사람은 당신뿐이다. 당신은 스스로의 삶에 책임을 져야 한다.

자신감을 가지고 앞으로 나아갈 때

자신감을 가지고 산다는 것은 무언가를 품고 있다는 것을 의미하며, 그것은 곧 내면에 있는 힘이라고 할 수 있다. 자신 있게 산다는 것은 내면에서 바깥으로 발산되는 힘의 중심이 당신 안에 있다는 것을 의미한다. 그리고 이러한 내면의 자신감은 당신을 움직이게 한다.

- 타인이 당신의 관점을 이해하고 받아들이는 데 시간이 걸리는 것은 당연하다.
- 타인이 당신으로 하여금 영향을 받게 하라.
- 당신의 선택으로 타인의 삶은 더욱 나아진다.

더 이상 고정 마인드셋을 신경 쓸 필요가 없을 때

고정 마인드셋은 이제 당신의 사고 DNA 속에서 사라졌다. 당신은 갇혀 있는 공간에서 빠져나왔고 넓은 세상의 새로운 가능성이 당신을 기다리고 있다. 다시 한번 레드 존의 감정이 당신 내면에 나타나거나 세상이 당신을 힘들게 하더라도 당신은 자연스럽게 대처할 수 있다. 아주 오래전 이미 당신은 피해 의식에서 벗어났고 이제는 미래를 자유롭게 선택할 수 있다.

당신이 지금으로도 충분하다고 믿을 때

당신은 어떠한 기회가 오더라도 자신이 적임자라고 믿는다. 한때 불가능하다고 낙담했던 걱정에서 벗어나 이제는 위험을 감수하면서 더 많이 노력하며, 자신이 원하는 목표를 향해 적극적으로 나서거나 부족한 부분은 배움으로써 새로운 가능성을 만들어 낼 수도 있다. 선거에도 출마할 날이 올지 혹시 누가 아는가?

당신은 기회에 위험이 따르더라도 도전하고자 달려들며, 바라던 대로 되지 않았을 경우에도 그 결과를 받아들일 수 있다. 당신은 스스로를 실패자라고 낙인찍지 않는다. 대신 다음에는 틀림없이 이룰 거라며 투지를 다진다. 자신이 최선을 다했다는 것을 안다면 다른 길이 있다는 확신도 자연스럽게 따라온다.

다른 사람을 더 이상 원망하지 않아도 된다. 타인이 성공한다면 당신도 성공할 수 있다. 밝은 미래를 위해 새로운 역량을 익힐 수도 있으며 다음 기회를 준비할 수도 있다. 당신은 타인의 평가를 기다리는 데 귀중한 시간을 낭비하지 않는다. 그 대신 타인을 설득하는 데 에너지를 투자한다.

나의 가치를 분명히 말할 때

자신의 가치를 분명히 말하는 것은 내면에서 세상 밖으로 가치가 퍼져 나가는 것을 의미한다. 그 모습이 스스로도 당당하게 느껴질 것이다. 당신은 내면의 진실에 귀 기울인다. 충분히 자신감이 있고, 차분하고 열정적이다. 누군가가 당신의 영향력을 축소하려 해도 더 이상 고정 마인드셋에 사로잡혀 감정적으로 반응하지 않는다.

이성적인 판단이 자연스러워진다. 타인이 당신을 알아주지 않거나 과소평가하더라도 감정적인 소모를 줄인다. 당신은 새로운 기회를 즐기며 활기찬 삶, 선택받은 삶을 살아가느라 바쁘다.

세상이 당신의 힘을 필요로 한다는 것을 받아들일 때

한때 자신과 다른 사람을 비난하는 데 소비했던 시간과 에너지를 이제는 당신의 미래를 위해 투자한다. 나의 시간, 나의 에너지, 나의 감정을 나에게 집중해야 한다는 것을 깨닫게 된다. 감정의 흐름을 이해하면서 에너지를 현명하게 활용한다. 이런 현상은 당신만의 이야기가 아니다. 7명의 인물에게서 얻은 교훈은 항상 당신의 마음 한구석에 자리 잡고 있다.

더 이상 자신의 가치를 타인이 결정하도록 두지 않으며 자신의 생각과 행동을 타인에게 허락받는 일도 없을 것이다. 당신은 이제 과거로 돌아가지 않는다. 타인에게 인정받으려고 노력하고 애쓰는 대신에, 자신감과 열정으로 차분하게 앞으로 나아간다. 당신은 타인을 사랑으로 품어 안으며 격려한다. 그리고 타인을 존경하고 배려하는 만큼 그 행동이 자기 자신에 대한 존경과 배려로 돌아올 것이라는 것도 안다.

당신은 자신만의 가치를 찾는다. 당신이 무엇을 하기 위해서 이곳에 있는지 확실하게 인지하고 있다. 줄곧 무시하고 외면하라고 배워 왔던 내면의 사고방식을 이용해서 진실과 가까워진다. 당신이 지금 가지고 있는 힘은 내면에서 세상 밖으로 발산되고, 사람들은 당신을 따르지 않을 수 없다.

당신은 내부에서 포효하는 사자의 힘을 기꺼이 세상에 내보인다. 자신의 내면에서부터 세상 밖으로 표현하는 삶을 통해서 세상 모든 것은 당신을 위해, 그리고 모두를 위해 바뀌게 된다. 당신은 마음속 깊은 곳에 자리 잡고 있는 진실을 알고 있다. 당신의 영혼이 말한다. 이제 때가 되었다고.

진실은 이렇게 속삭인다. "진실은 항상 그곳에 있었고, 당신은 지금으로도 충분하다".

감사의 글

전 세계 여성들에게 보내는 메시지

아시아 여성들에게 당신은 정말 아름다운 보물입니다. 지혜롭기도 하구요. 당신의 순수한 영혼과 목적 의식에 매번 놀랍니다. 하루 빨리 고정 관념과 고정 마인드셋의 베일에서 벗어나시길 바랍니다. 당신만의 놀라운 능력을 펼치시기를 바랍니다.

인도 여성들에게 당신의 강점은 크고 깊지만, 당신이 해야 하는 중요한 역할을 깨닫지 못하고 있을지도 모릅니다. 저는 당신들의 성실함과 강인함에 감사를 표합니다. 장벽을 허물고 새로운 길을 개척하려는 당신의 발걸음이 헛되지 않다는 것을 알아 두세요. 그 결과는 엄청날 것입니다. 항상 눈을 크게 뜨고 성장하는 것만을 지켜볼 수는 없지만, 영향력은 언젠가 나타날 것입니다. 위풍당당하고, 자신만만하게, 자랑스럽게 살아가세요.

영국의 여성들에게 저는 영국의 신선한 공기가 좋습니다. 당신에게 들려오는 소식은 항상 더 기쁘게 다가옵니다. 앞으로 나아가는 것이 쉽지 않겠지만 자신감을 잃지 말고 더 넓게 나아가세요. 많은 이가 당신의 정신과 결의를 필요로 합니다.

유럽의 여성들에게 많은 문화를 변화시킬 수 있는 당신의 능력은 우리 모두가 배워야 할 점입니다. 단 한마디로 당신을 정의할 수는 없지만, 당신은 개의치 않겠지요. 그러는 편이 더 좋을 겁니다. 당신의 넓은 관점은 독특한 렌즈를 갖고 있습니다. 또한 당신은 우리가 인생을 변화무쌍하게 바라볼 수 있도록 영감을 줍니다. 즉 서로의 차이를 포용하고 아름다움에 감탄하며 재능의 태피스트리를 창조하게 해 줍니다.

라틴계 여성들에게 당신의 삶에 대한 열정은 친절함이 절실히 필요한 세상에 힘과 아름다움을 가져다 줍니다. 타인을 진심으로 사랑할 수 있는 당신의 능력은 세상을 바꿀 힘이 있습니다. 여러분의 끈기는 변함없고, 헌신은 강렬합니다. 한 번에 한 사람씩 세상의 소리를 바꿀 수 있도록 '당신'이라는 마법의 약을 모두 함께 마실 수 있게 되기를 바랍니다.

중동의 여성들에게 당신을 혼란스럽게 만드는 너무나 많은 기대가 내면의 빛을 감추려 하고 있습니다. 당신은 전통에 젖어 있는 모든 것을 인정하면서 자신이 누구인지에 대한 마음의 소명을 깨닫고 천천히 걸어 나가고 있습니다. 영광스러운 힘, 변함없는 용기. 당신은 모두의 보물입니다.

미국의 여성들에게 당신의 변함없는 헌신, 두려움, 그리고 개인주의는 전 세계에 영향을 끼쳤습니다. 대부분의 사람들은 미국 역시 평등의 사회에 이르기까지 갈 길이 멀다고 생각합니다. 하지만, 제가 미국에 있으면서 깨달은 것은 다른 나라의 여성들에 비해 빨리 변하고 있다는 것입니다. 당신은 오늘날 우리가 서 있는 곳까지 아주 먼 길을 왔습니다.

아직까지 만나 보지 못한 여성들에게 우리는 언젠가 마주칠 날이 올 겁니다. 그날이 오기를 진심으로 기대하고 있습니다. 이 책에서 여러 번 밝혔듯이 여러분의 영혼이 제 마음 속에 있다는 것을 명심하시기 바랍니다.
사실 우리는 한 가족이나 다름없습니다. 언어의 장벽과 전통, 종교적 신념, 문화적 차이, 어깨 위에 놓인 기대치를 넘어설 때, 우리는 모두 평등합니다.

모든 보석은 저마다의 색깔, 모양, 크기가 있습니다. 각각의 목적은 집단 전체에 연결되어 있습니다. 모든 보석은 눈부시게 빛나도록 설계되어 있는 것입니다.

마지막으로 여러분에게 하고 싶은 말이 있습니다. 모두가 여러분의 생각에 동의하지는 않을 겁니다. 강하게 반발하는 사람도 있겠죠. 개별적으로든 집단적으로든요. 그러나 걱정하지 마세요. 모두가 고정 마인드셋을 조금씩 없애 나간다면 그 영향력은 점점 작아질 겁니다. 두려움이 커지더라도 일시적인 반응일 뿐이니 안심하세요. 집단적인 힘은 일부 제도와 시스템을 극복할 것입니다. 여러분이 가고자 하는 길을 고수하며 많은 이와 함께하여 힘을 얻으세요. 그것이 변화의 시작입니다.

시스템에 대한 자세한 내용을 보려면 아래 사이트를 참고하세요. https://epicenterofchange.com/.

인식 : 현재의 멘탈 모델 당신의 신념과 사고방식	선택 : 새로운 멘탈 모델로 향하는 첫 번째 단계	자유 : 당신이 원하는 미래. 멘탈 모델의 변화

'멘탈 모델'은 세상을 보는 창을 의미한다. 신념이 없는 것보다 위험한 것은 그 신념이 무의식적으로 작동할 때다. 우리에게는 선택할 힘이 있다.

카리	나는 완벽해야 한다.	무엇이든 일단 끝내고 보자.	나는 완벽하지 않아도 괜찮다.
라니	나는 모든 사람을 만족시켜야만 한다.	상황에 따라 거절하는 것도 필요하다.	나는 내가 원하는 방향을 찾을 수 있다.
가브리엘라	나는 타인의 결정에 따르는 것이 편하다.	나는 내 결정을 믿는다.	나는 확신을 가지고 나아갈 수 있다.
다르샤	내 내면의 울림에 따라야 한다.	나는 잠시 멈추고, 생각하고, 선택할 수 있다.	나에게는 고정 관념을 바꿀 힘이 있다.
아발린	나는 역량이 충분하지 않다.	나는 이 기회에 적합한 사람이다.	나와 당신은 역량이 충분하다.
젤릴라	내가 열심히 일한다면 보상받을 것이다.	나는 내 편이 되어 스스로를 돌볼 수 있다.	나는 나의 가치를 분명히 표현할 수 있다.
니키	나는 앞에 나서지 않아도 괜찮다.	나는 능력이 있고 괜찮은 사람이다.	세상은 내 능력을 필요로 하고 있다.
	레드 존 : 나아가는 길을 방해한다.	옐로우 존 : 당신을 더 빛나게 한다.	그린 존 : 장애물을 없애고 최선을 다하게 된다.

피해 의식 : 무력함 : 방어적 ⟶ 승리 : 강력함 : 공격적

킴벌리 페이스에 대해서 더 많은 정보를 얻고 싶으면 아래를 참조하세요.

- YourLionInside.com

- KimberlyFaith.com

- MyIntuitiveIntelligence.com

다음 사이트에서도 저자를 만나볼 수 있습니다.

- linkedin.com/in/kimberlyfaith

- Twitter: @IamKimFaith

- youtube.com/c/KimberlyFaithInspires

- instagram.com/KimberlyFaithInspires

- pinterest.com/KimberlyFaithInspires/

- Facebook: Kimberly Faith—Author

고정 관념을 깨기 위한 정보를 더 얻고 싶으시다면 확인해 보세요.

- TheSisterhoodReportPodcast.com

- EpicenterofChange.com

언론 인터뷰, 워크숍 자료와 기조연설 관련 문의 주소 :

contact Kim@KimberlyFaith.com

아마존, MS, BMW 세계 리더들의 지도자 킴벌리의 멘탈 코칭

최강의 멘탈 관리

초판 1쇄 발행 2022년 7월 13일

지은이 킴벌리 페이스
옮긴이 정태희
펴낸이 박영미
펴낸곳 포르체

편 집 이태은, 임혜원
마케팅 이광연, 김태희

출판신고 2020년 7월 20일 제2020-000103호
전 화 02-6083-0128 | **팩 스** 02-6008-0126
이메일 porchetogo@gmail.com
포스트 m.post.naver.com/porche_book
인스타그램 www.instagram.com/porche_book

ⓒ 킴벌리 페이스(저작권자와 맺은 특약에 따라 검인을 생략합니다.)
ISBN 979-11-91393-84-2 03190

여러분의 소중한 원고를 보내주세요.
porchetogo@gmail.com